K.B066628

HSK 인강
할인 이벤트

맛있는스쿨 HSK 단과 강좌 할인 쿠폰

할인 코드 **hsk_halfcoupon**

HSK 단과 강좌 할인 쿠폰
50% 할인

할인 쿠폰 사용 안내
1. 맛있는스쿨(cyberjrc.com)에 접속하여 [회원가입] 후 로그인을 합니다.
2. 메뉴中[쿠폰] → 하단[쿠폰 등록하기]에 쿠폰번호 입력 →[등록]을 클릭하면 쿠폰이 등록됩니다.
3. [HSK 단과 강좌] 수강 신청 후, [온라인 쿠폰 적용하기]를 클릭하여 등록된 쿠폰을 사용하세요.
4. 결제 후, [나의 강의실]에서 수강합니다.

쿠폰 사용 시 유의 사항
1. 본 쿠폰은 맛있는스쿨 HSK 단과 강좌 결제 시에만 사용이 가능합니다. 파트별 구매는 불가합니다.
2. 본 쿠폰은 타 쿠폰과 중복 할인이 되지 않습니다.
3. 교재 환불 시 쿠폰 사용이 불가합니다.
4. 쿠폰 발급 후 10일 내로 사용이 가능합니다.
5. 본 쿠폰의 할인 코드는 1회만 사용이 가능합니다.
*쿠폰 사용 문의 : 카카오톡 채널 @맛있는스쿨

전화 화상
할인 이벤트

맛있는톡 할인 쿠폰

할인 코드 **jrcphone2qsj**

전화&화상 외국어 할인 쿠폰
10,000원

할인 쿠폰 사용 안내
1. 맛있는톡 전화&화상 중국어(phonejrc.com), 영어(eng.phonejrc.com)에 접속하여 [회원가입] 후 로그인을 합니다.
2. 메뉴中[쿠폰] → 하단[쿠폰 등록하기]에 쿠폰번호 입력 →[등록]을 클릭하면 쿠폰이 등록됩니다.
3. 전화&화상 외국어 수강 신청 시 [온라인 쿠폰 적용하기]를 클릭하여 등록된 쿠폰을 사용하세요.

쿠폰 사용 시 유의 사항
1. 본 쿠폰은 전화&화상 외국어 결제 시에만 사용이 가능합니다.
2. 본 쿠폰은 타 쿠폰과 중복 할인이 되지 않습니다.
3. 교재 환불 시 쿠폰 사용이 불가합니다.
4. 쿠폰 발급 후 60일 내로 사용이 가능합니다.
5. 본 쿠폰의 할인 코드는 1회만 사용이 가능합니다.
*쿠폰 사용 문의 : 카카오톡 채널 @맛있는스쿨

맛있는 중국어
HSK 3급

JRC 중국어연구소 기획·저

실전 *HSK 막판 뒤집기!*

400제

맛있는 books

맛있는
중국어
HSK 3급
400제

초판 1쇄 발행	2018년 11월 20일
초판 4쇄 발행	2023년 9월 30일

기획·저	JRC 중국어연구소
발행인	김효정
발행처	맛있는books
등록번호	제2006-000273호
편집	최정임
디자인	이솔잎
제작	박선희

주소	서울시 서초구 명달로 54 JRC빌딩 7층
전화	구입문의 02·567·3861	02·567·3837
	내용문의 02·567·3860
팩스	02·567·2471
홈페이지	www.booksJRC.com

ISBN	979-11-6148-019-0 14720
	979-11-6148-018-3 (세트)
정가	14,900원

머리말

HSK를 준비하는 학습자들이 시간을 제대로 안배하지 못해 시험 문제를 풀지 못하거나, 최신 출제 경향을 파악하지 못해 합격하지 못하는 경우가 있습니다. 이런 학습자들을 위해 실전처럼 충분히 연습해 볼 수 있는 적중률 높은 문제를 수록한『**맛있는 중국어 HSK 3급 400제**』를 기획하게 되었습니다.

『**맛있는 중국어 HSK 3급 400제**』는 HSK를 준비하는 학습자들이 좀 더 효율적으로 시험을 준비할 수 있도록 구성했습니다.

1. 최신 경향을 반영한 모의고사 5회분을 수록했습니다. 400개의 문제를 풀다 보면, 자연스레 문제 유형을 익힐 수 있고 실전 연습을 충분히 할 수 있습니다.
2. 상세하고 친절한 해설집(PDF 파일)을 무료로 제공합니다. 해설집에는 단어, 해석, 공략이 상세하게 제시되어 있어 틀린 문제는 왜 틀렸는지 이해하기 쉽습니다.
3. 듣기 영역에 취약한 학습자를 위해 실제 시험과 동일한 실전용 MP3 파일과 복습할 때 유용한 문제별 MP3 파일을 제공합니다. MP3 파일은 맛있는북스 홈페이지(www.booksJRC.com)에서 무료로 다운로드 할 수 있습니다.

『**맛있는 중국어 HSK 3급 400제**』는 JRC 중국어연구소 HSK 연구위원들이 新HSK 시행 이후 출제된 문제를 다각도로 분석하고 최신 출제 경향을 반영하여 모의고사 5회분을 구성했습니다. 연구위원들이 엄선한 문제로 HSK를 준비하다 보면, 합격에 좀 더 쉽고 빨리 다가갈 수 있을 것입니다.

HSK에 도전하는 여러분이 HSK 합격은 물론, 고득점까지 취득할 수 있도록『**맛있는 중국어 HSK 3급 400제**』가 든든한 버팀목이 되어 줄 것입니다. 이제, HSK에 당당히 도전해 보세요!

JRC 중국어연구소

차례

맛있는
중국어
HSK **3**급
400제

『**맛있는** 중국어 **HSK 3**급 **400**제』
합격을 향한 막판 뒤집기*!*

1. 최신 경향을 반영한 적중률 높은 실전 모의고사 5회분 수록

실제 HSK 문제와 동일하게 구성한 **최신 모의고사 5회분**을 수록했습니다. 최신 경향을 반영한 문제로 **문제 유형, 시간 분배, 공략 스킬** 등 HSK **합격**을 위한 **A부터 Z까지** 문제를 풀면서 충분히 연습해 보세요.

2. 합격은 기본, 고득점까지 한 권으로 완벽 대비

문제를 풀면서 시험에 대한 부담감은 줄이고 부족한 실력은 높이세요. 1회부터 5회까지 문제를 풀고 틀린 문제는 해설집을 참고하여 여러 번 복습하다 보면, **합격**뿐만 아니라 **고득점**까지 **달성**할 수 있습니다.

모의고사 1회	모의고사 2~4회	모의고사 5회
문제 유형 파악	실전 트레이닝	고득점을 위한 마무리

3. 상세하고 친절한 해설집 PDF 파일 무료 제공

문제를 제대로 이해하고 학습할 수 있도록 400개의 문제에 대한 단어, 해석, 공략이 모두 담겨 있는 **해설집 PDF 파일**을 **무료**로 **제공**합니다. 지금 바로 **맛있는북스 홈페이지(www.booksJRC.com)**에서 다운로드 하세요.

4. 학습 효과를 높이는 듣기 음원 파일 제공

실제 시험과 동일한 형식과 속도로 녹음한 **실전용 MP3 파일**과 복습할 때 필요한 문제만 골라 들을 수 있는 **문제별 MP3 파일**을 제공합니다. 모의고사를 풀 때는 실전용 MP3 파일로, 복습할 때는 문제별 MP3 파일로 편리하게 학습하세요. 또한, 듣기 영역에 취약한 학습자들은 문제별 MP3 파일과 녹음 대본을 활용하여 안 들리는 부분을 집중적으로 트레이닝 할 수 있습니다.

실전용 MP3	문제별 MP3	녹음 대본

HSK, 이렇게 시작해 보세요!

Step 1.

MP3 파일을 다운로드 해주세요. 도서에 수록된 **QR 코드**를 찍으면 **실전용 MP3 파일**이 바로 재생됩니다.

(MP3 파일은 **맛있는북스 홈페이지(www.booksJRC.com)**에서 **무료로 다운로드** 할 수 있습니다.)

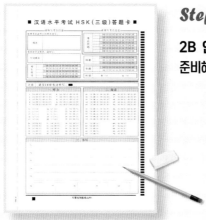

Step 2.

2B 연필과 지우개, 도서 뒤에 있는 **답안카드**를 준비해 주세요.

Step 3.

시험에 방해되는 요소들을 제거한 후, 오늘 학습할 부분을 펴고 타이머를 맞춰 주세요.

Step 4.

정해진 시간 안에 실제 시험처럼 문제를 풀고 정답을 맞춰 보세요.

(HSK 3급의 시험 시간은 **독해 영역 30분**, **쓰기 영역 15분**입니다.)

Step 5.

해설집 PDF 파일을 다운로드 한 후, 틀린 문제는 해설집을 보면서 복습해 보세요.

(해설집 PDF 파일은 맛있는북스 홈페이지(www.booksJRC.com) 자료실에서 무료로 다운로드 할 수 있습니다.)

Step 6.

듣기 영역을 복습할 때는 **문제별 MP3 파일**에서 편리하게 음원을 찾아 들으세요. 같은 문제를 여러 번 들으면서 듣기 트레이닝을 해보고, 잘 안 들리는 내용은 본 도서에 수록된 **녹음 대본**을 확인하세요. 녹음 대본은 잘라서 편리하게 활용할 수 있습니다.

학습 자료, 이렇게 다운로드 하세요!

듣기 MP3 파일 다운로드

▲바로 다운로드

PC에서

맛있는북스 홈페이지 접속
(www.booksJRC.com)

홈페이지 상단 [MP3 다운로드→
무료 MP3 다운로드] 클릭

[HSK→맛있는 HSK] 탭의
본 도서 클릭 후 다운로드

해설집 PDF 파일 다운로드

▲바로 다운로드

PC에서

맛있는북스 홈페이지 접속
(www.booksJRC.com)

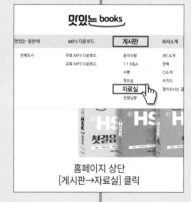

홈페이지 상단
[게시판→자료실] 클릭

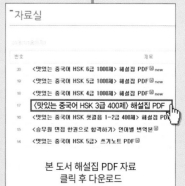

본 도서 해설집 PDF 자료
클릭 후 다운로드

📖 HSK 소개

1. HSK란?

HSK(汉语水平考试 Hànyǔ Shuǐpíng Kǎoshì)는 제1언어가 중국어가 아닌 사람의 중국어 능력을 평가하기 위해 만들어진 중국 정부 유일의 국제 중국어 능력 표준화 고시입니다. 생활, 학습, 업무 등 실생활에서의 중국어 운용 능력을 중점적으로 평가합니다.

2. 시험 구성

HSK는 중국어 듣기·독해·쓰기 능력을 평가하는 **필기 시험**(HSK 1~6급)과 중국어 말하기 능력을 평가하는 **회화 시험**(HSKK 초급·중급·고급)으로 나뉘며, 필기 시험과 회화 시험은 각각 독립적으로 시행됩니다.

HSK	HSK **1급**	HSK **2급**	HSK **3급**	HSK **4급**	HSK **5급**	HSK **6급**
	150 단어 이상	300 단어 이상	600 단어 이상	1200 단어 이상	2500 단어 이상	5000 단어 이상
HSKK	HSKK **초급**		HSKK **중급**		HSKK **고급**	

3. 시험 방식

- PBT(**P**aper-**B**ased **T**est) : 기존 방식의 시험지와 OMR 답안지로 진행하는 시험 방식입니다.
- IBT(**I**nternet-**B**ased **T**est) : 컴퓨터로 진행하는 시험 방식입니다.

4. 원서 접수

1 **인터넷 접수** : HSK한국사무국(www.hsk.or.kr) 홈페이지에서 접수

2 **우편 접수** : 구비 서류를 동봉하여 HSK한국사무국으로 등기 발송

　⁺ 구비 서류 : 응시원서, 응시비 입금 영수증

3 **방문 접수** : 서울공자아카데미로 방문하여 접수

　⁺ 구비 서류 : 응시원서, 응시비

5. 시험 당일 준비물

1 **수험표**

2 **유효 신분증**

　⁺ 주민등록증 기발급자 : 주민등록증, 운전면허증, 기간 만료 전의 여권, 주민등록증 발급 신청 확인서

　⁺ 주민등록증 미발급자 : 기간 만료 전의 여권, 청소년증, 청소년증 발급 신청 확인서, HSK신분확인서(한국 내 소재 초·중·고등학생만 가능)

　⁺ 군인 : 군장교 신분증(군장교일 경우), 휴가증(현역 사병일 경우)

　주의! 학생증, 사원증, 국민건강보험증, 주민등록등본, 공무원증 등은 신분증으로 인정되지 않음

3 **2B 연필, 지우개**

HSK 3급 소개

HSK 3급에 합격한 응시자는 중국어로 일상생활, 학습, 업무 등 각 분야의 상황에서 기본적인 회화를 할 수 있습니다. 또한 중국 여행 시 겪게 되는 대부분의 상황에서 중국어로 대응할 수 있습니다.

1. 응시 대상

HSK 3급은 매주 2~3시간씩 3학기(120~180시간) 정도의 중국어를 학습하고, 600개의 상용 어휘와 관련 어법 지식을 마스터한 학습자를 대상으로 합니다.

2. 시험 내용

영역		문제 유형	문항 수	시험 시간	점수
듣기(听力)	제1부분	두 사람의 대화를 듣고 내용과 일치하는 사진 고르기	10	약 35분	100점
	제2부분	단문을 듣고 제시된 문장의 옳고 그름 판단하기	10		
	제3부분	두 사람의 짧은 대화를 듣고 질문에 답하기	10		
	제4부분	두 사람의 긴 대화를 듣고 질문에 답하기	10		
듣기 영역 답안 작성				5분	
독해(阅读)	제1부분	제시된 문장과 관련된 문장 고르기	10	30분	100점
	제2부분	빈칸에 들어갈 알맞은 어휘 고르기	10		
	제3부분	단문을 읽고 질문에 답하기	10		
쓰기(书写)	제1부분	주어진 어휘를 조합하여 문장 만들기	5	15분	100점
	제2부분	빈칸에 알맞은 한자 쓰기	5		
합계			80 문항	약 85분	300점

*듣기 40문항, 시험 시간 약 35분. 독해 30문항. 쓰기 10문항.

※응시자 개인 정보 작성 시간(5분)을 포함하여 약 90분간 시험이 진행됩니다.
※듣기 영역의 답안 작성은 듣기 시간 종료 후, 5분 안에 답안카드에 표시해야 합니다.
※각 영역별 중간 휴식 시간이 없습니다.

3. HSK 성적표

- HSK 3급 성적표에는 듣기·독해·쓰기 세 영역의 점수와 총점이 기재됩니다. 성적표는 **시험일로부터 45일 이후**에 발송됩니다.
- 각 영역별 **만점**은 **100점**이며, **총점**은 **300점 만점**입니다. 영역별 점수에 상관없이 총점 **180점 이상**이면 **합격**입니다.
- HSK PBT 성적은 시험일로부터 1개월, IBT 성적은 시험일로부터 2주 후 중국고시센터(www.chinesetest.cn) 홈페이지에서 조회할 수 있습니다.
- HSK 성적은 시험일로부터 **2년간** 유효합니다.

HSK 3급 유형 소개

+듣기 (총 40문항, 약 35분)

제1부분(총 10문항)

녹음과 일치하는 사진을 고르세요.

대화를 듣고 주어진 사진 중에서 대화 내용과 일치하는 것을 선택하는 문제로, 녹음 내용은 두 번 들려 줍니다.

⚠️ 주의 녹음 내용은 두 번 들려 준다

제2부분(총 10문항)

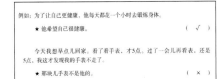

옳고 그름을 판단하세요.

단문을 듣고 제시된 문제와 녹음 내용이 일치하는지 판단하는 문제로, 녹음 내용은 두 번 들려 줍니다.

⚠️ 주의 녹음 내용은 두 번 들려 준다

제3부분(총 10문항)

알맞은 답을 고르세요.

두 사람의 간단한 대화를 듣고 보기 ABC 중에서 알맞은 답을 고르는 문제로, 녹음 내용은 두 번 들려 줍니다.

⚠️ 주의 녹음 내용은 두 번 들려 준다

제4부분(총 10문항)

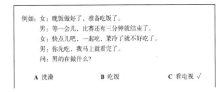

알맞은 답을 고르세요.

두 사람의 비교적 긴 대화를 듣고 보기 ABC 중에서 알맞은 답을 고르는 문제로, 녹음 내용은 두 번 들려 줍니다.

⚠️ 주의 녹음 내용은 두 번 들려 준다

+독해 (총 30문항, 30분)

제1부분(총 10문항)

A 你什么时候搬家呢? 需要帮忙吗?
B 一般吧，我们上个月才认识，只是普通朋友。
C 你最好再检查一下，看看还有没有问题。
D 我们是去旅游，不是搬家，还是少拿一些吧。
E 当然。我们先坐公共汽车，然后换地铁。
F 我觉得这家宾馆还不错，你说呢?

例如: 你知道怎么去那儿吗?   (E)

관련된 문장을 고르세요.

제시된 문장과 서로 관련된 문장을 고르는 문제입니다. 문제 당 한 문장씩 주어지며, 보기에는 연관된 질문이나 대답이 제시됩니다.

제2부분(총 10문항)

A 选择   B 马上   C 对   D 舒服   E 声音   F 环境

例如: 她说话的 (E) 多好听啊!

빈칸에 들어갈 알맞은 단어를 고르세요.

문장 혹은 대화형으로 이루어진 문제의 빈칸에 들어갈 알맞은 어휘를 선택하는 문제입니다. 51~55번은 하나의 문장, 56~60번은 대화형으로 구성되어 있습니다.

제3부분(총 10문항)

例如: 您是来参加今天会议的吗? 您来早了一点儿。现在才八点半。您先进来坐吧。
   ★ 会议最可能几点开始?
   A 8点   B 8点半   C 9点 √

알맞은 답을 고르세요.

한 단락의 글을 읽고 질문에 알맞은 답을 보기 ABC 중에서 선택하는 문제입니다.

+쓰기 (총 10문항, 15분)

제1부분(총 5문항)

例如: 小船   上   一   河   条   有

    河上有一条小船。

문장을 완성하세요.

제시된 어휘를 조합하여 어순에 맞는 정확한 문장을 배열하는 문제입니다.

제2부분(총 5문항)

               guān
例如: 没 (关) 系，别难过，高兴点儿。

빈칸에 들어갈 한자를 쓰세요.

빈칸에 들어갈 알맞은 한자를 쓰는 문제로, 빈칸에 들어갈 한자의 병음은 제시되어 있습니다.

단기간에 HSK 완전 정복!

01

시작에서 합격까지 4주 완성

맛있는 중국어 新 HSK

무료
동영상 제공
(모의고사 2회분)

박수진 저 | 19,500원   박수진 저 | 22,500원   왕수인 저 | 23,500원   장영미 저 | 24,500원   JRC 중국어연구소 저 | 25,500원

★ **시작**에서 **합격**까지 **4주** 완성
★ **기본서, 해설집, 모의고사, 단어장, 무료 동영상 강의**(모의고사 2회분, 1-5급) 제공
★ **최신** 경향을 반영한 **적중률** 높은 **공략**과 **문제**로 구성
★ **반복적인 문제 풀이 훈련**으로 HSK 합격
★ 영역별 특성에 맞춘 **특화된 트레이닝 코너** 수록

기본서, 해설집, 모의고사 All In One 구성

한눈에 보이는 공략   간략하고 명쾌한   실전에 강한

기본서   +   해설집   +   모의고사   +   필수단어 600

모의고사 5세트로 실전 감각 익히기!

02

HSK의 권위자 북경어언대 倪明亮 교수 감수

전공략 新HSK
원패스 합격모의고사

김지현 저 | 19,500원   김은정 저 | 19,500원   차오진옌·권연은 저 | 22,000원

★ 최신 출제 경향과 난이도를 반영한 **모의고사 5세트**
★ 新HSK 전문 강사의 **합격 전략 무료 동영상** 강의
★ 명쾌한 비법 **합격 전략 D-5**
★ 2013 한반(汉办) 개정 **단어**를 수록한 **합격 보카**
★ **문제별&속도별** 다양한 **MP3** 파일 제공
★ **듣기 트레이닝 북** 무료 다운로드

최다 콘텐츠 수록!

해설집   **문제집**   **합격 전략집**   **합격 보카**

HSK 단어로 기초 다지기!

03

HSK 단어 30일 완성 프로젝트
맛있는 중국어 HSK 단어장

양영호·박현정 저 | 14,000원   JRC 중국어연구소 저 | 15,500원

★ 주제별 분류로 **연상 학습**이 가능한 **단어장**
★ HSK **출제 포인트**와 **기출 예문**이 한눈에!
★ **단어 암기**부터 HSK **실전 문제 적용**까지 한 권에!
★ **발음**이 **정확**한 원어민 성우의 **녹음 QR코드** 수록
★ 무료 **동영상 강의**(1-4급), **암기 노트**(5급) 제공

HSK 3급

목표 달성 프로젝트

나는 _____ 년 ____ 월 ____ 일

HSK 3급 시험에서 _____ 점으로 합격한다 !

모의고사 1회부터 5회까지 문제를 풀고 점수를 기입해 보세요.

HSK 3급은 듣기 · 독해 · 쓰기 세 영역의 총점이 **180점 이상이면 합격**입니다.

	학습일	듣기(听力)	독해(阅读)	쓰기(书写)	총점
1회	/				
2회	/				
3회	/				
4회	/				
5회	/				

01회 모의고사

준비 다 되셨나요?

1. 듣기 파일은 트랙 'TEST 01'입니다.

   (듣기 파일은 **맛있는북스 홈페이지**(www.booksJRC.com)에서 무료로 다운로드 할 수 있습니다.)

   미리 준비하지 않으셨다면 **QR코드**를 스캔해서 듣기 파일을 준비해 주세요.

2. **답안카드**는 본책 139쪽에 수록되어 있습니다. 한 장을 자른 후에 답을 기입하세요.

3. 2B연필, 지우개, 시계도 준비하셨나요? 2B연필은 두 개를 준비하면 더 좋습니다. 하나는 마킹용,

   다른 하나는 쓰기 영역을 풀 때 사용하세요.

好的开始是成功的一半!

시작이 반이다!

汉 语 水 平 考 试
HSK(三级)

注　意

一、HSK(三级)分三部分：

    1.　听力(40题，约35分钟)

    2.　阅读(30题，30分钟)

    3.　书写(10题，15分钟)

二、听力结束后，有5分钟填写答题卡。

三、全部考试约90分钟(含考生填写个人信息时间5分钟)。

一、听 力

第一部分

第 1-5 题

A

B

C

D

E

F

例如：男：喂，请问张经理在吗？

女：他正在开会，您半个小时以后再打，好吗？

D

1. ☐

2. ☐

3. ☐

4. ☐

5. ☐

第 6-10 题

A

B

C

D

E

6. ☐

7. ☐

8. ☐

9. ☐

10. ☐

第二部分

第 11-20 题

例如：为了让自己更健康，他每天都花一个小时去锻炼身体。

★ 他希望自己很健康。 (√)

今天我想早点儿回家。看了看手表，才5点。过了一会儿再看表，还是5点，我这才发现我的手表不走了。

★ 那块儿手表不是他的。 (×)

11. ★ 夏阿姨很热情。 ( )

12. ★ 他的妻子经常出去旅游。 ( )

13. ★ 他的名字常被人叫错。 ( )

14. ★ 他对自己的工作没兴趣。 ( )

15. ★ 女儿害怕大熊猫。 ( )

16. ★ 他的工作和游戏有关。 ( )

17. ★ 他打算让小王参加比赛。 ( )

18. ★ 他最喜欢春天。 ( )

19. ★ 儿子以前能照顾自己。 ( )

20. ★ 那个空调不贵。 ( )

第三部分

第 21-30 题

例如：男：小王，帮我开一下门，好吗? 谢谢!
　　　女：没问题。您去超市了? 买了这么多东西。
　　　问：男的想让小王做什么?

　　　A 开门 √　　　　　　　B 拿东西　　　　　　　C 去超市买东西

21. A 开车　　　　　　　B 坐地铁　　　　　　　C 骑自行车

22. A 爬山　　　　　　　B 看花　　　　　　　　C 买房子

23. A 6:30　　　　　　　B 7:15　　　　　　　　C 9:10

24. A 不太贵　　　　　　B 有点儿大　　　　　　C 颜色好看

25. A 工作　　　　　　　B 学习　　　　　　　　C 参加会议

26. A 花园　　　　　　　B 房间里　　　　　　　C 公共汽车上

27. A 10块　　　　　　　B 30块　　　　　　　　C 40块

28. A 爸爸　　　　　　　B 老师　　　　　　　　C 爷爷

29. A 个子高　　　　　　B 长得帅　　　　　　　C 还没上学

30. A 早上搬家　　　　　B 请男的吃饭　　　　　C 不用男的帮忙

第四部分

第 31–40 题

例如：女：晚饭做好了，准备吃饭了。
　　　男：等一会儿，比赛还有三分钟就结束了。
　　　女：快点儿吧，一起吃，菜冷了就不好吃了。
　　　男：你先吃，我马上就看完了。
　　　问：男的在做什么？

　　　A 洗澡　　　　　　　B 吃饭　　　　　　　C 看电视 √

31. A 还书　　　　　　　B 借英语书　　　　　C 准备考试

32. A 每天晚上　　　　　B 周末上午　　　　　C 星期天中午

33. A 查地图　　　　　　B 往左边走　　　　　C 找人问问

34. A 帽子　　　　　　　B 生日蛋糕　　　　　C 妈妈的礼物

35. A 饭店　　　　　　　B 教室　　　　　　　C 超市

36. A 晴　　　　　　　　B 有雨　　　　　　　C 刮风

37. A 钱包　　　　　　　B 银行卡　　　　　　C 飞机票

38. A 没有女儿　　　　　B 长得年轻　　　　　C 非常热情

39. A 饿了　　　　　　　B 发烧了　　　　　　C 忘记吃药了

40. A 叔叔　　　　　　　B 弟弟　　　　　　　C 同事

二、阅 读

第一部分

第 41-45 题

A 照片上中间的这个人是我妻子。

B 还是走上去吧，锻炼锻炼身体。

C 你别着急，慢慢来，多练习练习就好了。

D 你看到我发的电子邮件了吗?

E 当然。我们先坐公共汽车，然后换地铁。

F 这儿的夏天白天长，8点多天才会黑。

例如: 你知道怎么去那儿吗?　　　　　　　　　　　(**E**)

41. 都7:50了，太阳还没下山。　　　　　　　　　　( )

42. 她身高1米7，但是很瘦，只有45公斤。　　　　( )

43. 不好意思，我一直没上网。你等一下，我现在就看。　( )

44. 为什么我总是唱不好?　　　　　　　　　　　　( )

45. 电影院在4楼，我们去那边坐电梯吧。　　　　　( )

第 46–50 题

A 就在附近的超市，5块钱一斤。

B 不到11点就饿了。

C 那是我弟弟。来，我给你介绍一下。

D 这个城市最近几年变化真大。

E 一个大学生把我奶奶送到了医院。

46. 你爸爸旁边那个高个子男孩儿是谁? （ 　　 ）

47. 是啊，这儿以前都是低矮的房子，现在有很多大楼。 （ 　　 ）

48. 我今天早上只吃了一个鸡蛋。 （ 　　 ）

49. 香蕉真好吃，在哪儿买的? （ 　　 ）

50. 我们很想谢谢他，可是不知道他叫什么名字。 （ 　　 ）

第二部分

第51-55题

A 其他　　　**B** 舒服　　**C** 只有　　**D** 迟到　　**E** 声音　　**F** 椅子

例如：她说话的（　**E**　）多好听啊！

51. 明天下午3点50在电影院门口见，别（　　　　）。

52. 除了方便面，（　　　　）的面条儿他都爱吃。

53. （　　　　）妈妈的身体好了，她才能放心地去上班。

54. 一到这个季节，我的鼻子就不（　　　　）。

55. 这儿还差一把（　　　　），你去旁边的会议室搬一个吧。

第 56−60 题

A 双　　　B 一定　　　C 了解　　　D 爱好　　　E 机会　　　F 满意

例如：A：你有什么（　D　）?

　　　B：我喜欢体育。

56. A：奇怪，我新买的那（　　　　）皮鞋呢?

　　 B：你不记得了? 你不是把它放在床下面了吗?

57. A：关于那件事的经过，你还（　　　　）些什么?

　　 B：别的我也不清楚，你问问老李吧。

58. A：这次考试我跟第一名只差一分。

　　 B：别难过了，我相信你下次（　　　　）能考第一。

59. A：这个房子好是好，就是洗手间太小了。

　　 B：如果您不太（　　　　），我可以带你去看别的。

60. A：你跟张明的关系不错吧?

　　 B：我们在公司里很少说话，下班后见面的（　　　　）也不多。

第三部分

第 61–70 题

例如：您是来参加今天会议的吗？您来早了一点儿，现在才八点半。您先进来坐吧。

  ★ 会议最可能几点开始？

  A 8点　　　　　　　**B** 8点半　　　　　　　**C** 9点 √

61. 新来的体育老师以前是很有名的运动员，现在也有很多人喜欢他。经过校长的介绍，他才同意来我们这儿教足球。

  ★ 新来的体育老师：

  A 很有名　　　　　**B** 篮球打得好　　　　**C** 工作很多年了

62. 这个城市就在黄河边上，环境非常好，夏天一点儿都不热。每年的七、八月，有很多人来这里旅游。

  ★ 那个城市：

  A 春天风大　　　　　**B** 夏季不热　　　　　**C** 在黄河南边

63. 我以前不喜欢学习中文，后来学校来了一位新老师，她不但教得好，而且很关心学生，在她的影响下，我才开始对中文感兴趣。

  ★ 他对汉语感兴趣，是因为：

  A 想去中国　　　　　**B** 非常聪明　　　　　**C** 新老师教得好

64. 学校附近有一家很安静的咖啡馆，而且那里的咖啡又好喝又便宜。考试以前，我们班的同学都会去那里准备考试。

　　★ 考试前，他的同学会：

　　　A 借书　　　　　　　B 练习写字　　　　　C 在咖啡店复习

65. 一些城市的街道上有很多黄颜色的自行车，人们叫它"小黄车"。这是一种公共自行车，不但方便，而且很便宜，骑一次才一元钱。

　　★ 小黄车：

　　　A 很容易坏　　　　　B 骑一次不贵　　　　C 影响城市环境

66. 爸爸妈妈认为玩儿手机会影响学习，所以他们一般不让我玩儿。只有每天做完作业后，他们才同意我玩儿一会儿。

　　★ 他什么时候可以玩儿手机？

　　　A 下课后　　　　　　B 完成作业后　　　　C 成绩提高后

67. 你的照相机刚才被经理借走了，他需要在3点的会议上给大家照相。他让我告诉你，相机用完马上就还给你。

　　★ 照相机现在：

　　　A 没电了　　　　　　B 在书包里　　　　　C 借给经理了

68. 公司对面的那家饭店我去过很多次，菜单上的菜几乎都吃过了，我们还是换一家吧。

　　★ 说话人是什么意思？

　　　A 没带很多钱　　　　B 不想在那儿吃　　　C 那儿的菜一般

69. 我昨天上网查春节回家的火车票，可是那几天的火车票已经都卖完了。所以我这次只好坐汽车了。

　　★ 说话人打算：

　　A 请几天假　　　　　B 在北京过年　　　　　C 坐汽车回家

70. 你知道有句话叫"万事开头难"吗？它的意思是说，很多事情在开始做的时候，你会觉得很难；但是如果能把开头做好，后面的事情就会简单多了。

　　★ 做一件事情，最难的是：

　　A 开始的时候　　　　B 做选择的时候　　　　C 快结束的时候

三、书 写

第一部分

第71-75题

例如：小船　　上　　一　　河　　条　　有

河上有一条小船。

71. 真　　这个　　啊　　苹果　　甜

72. 山上的　　绿了　　树和草　　都

73. 老师要求我们　　笔记本　　是这种　　买的

74. 电话　　是　　校长办公室的　　多少

75. 奶奶　　那个瓶子　　被　　拿走了

第二部分

第76-80题

例如：没（ 关^{guān} ）系，别难过，高兴点儿。

76. 我姐姐的头发又（ ^{hēi} ）又长。

77. 爸爸经常说，面包会有的，牛奶（ ^{yě} ）会有的。

78. 希望他会（ ^{tóng} ）意跟我换房间。

79. 遇到困难的时候，别着急，我们一起想（ ^{bàn} ）法解决。

80. 他话很少，你跟他说10句，他可能就（ ^{huí} ）答你一句。

02회 모의고사

준비 다 되셨나요?

1. 듣기 파일은 트랙 'TEST 02'입니다.
   (듣기 파일은 **맛있는북스 홈페이지**(www.booksJRC.com)에서 무료로 다운로드 할 수 있습니다.)
   미리 준비하지 않으셨다면 **QR코드**를 스캔해서 듣기 파일을 준비해 주세요.

2. **답안카드**는 본책 139쪽에 수록되어 있습니다. 한 장을 자른 후에 답을 기입하세요.

3. 2B연필, 지우개, 시계도 준비하셨나요? 2B연필은 두 개를 준비하면 더 좋습니다. 하나는 마킹용,
   다른 하나는 쓰기 영역을 풀 때 사용하세요.

时间就是金钱!

시간은 금이다!

汉 语 水 平 考 试
HSK(三级)

注 意

一、HSK(三级)分三部分：

    1. 听力(40题，约35分钟)

    2. 阅读(30题，30分钟)

    3. 书写(10题，15分钟)

二、听力结束后，有5分钟填写答题卡。

三、全部考试约90分钟(含考生填写个人信息时间5分钟)。

一、听 力

第一部分

第1-5题

A

B

C

D

E

F

例如：男：喂，请问张经理在吗？

女：他正在开会，您半个小时以后再打，好吗？　　　　D

1.

2.

3.

4.

5.

第 6-10 题

A

B

C

D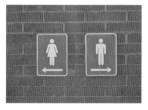

E

6. ☐

7. ☐

8. ☐

9. ☐

10. ☐

第二部分

第 11－20 题

例如：为了让自己更健康，他每天都花一个小时去锻炼身体。

    ★ 他希望自己很健康。　　　　　　　　　　　　（　√　）

    今天我想早点儿回家。看了看手表，才5点。过了一会儿再看表，还是5点，我这才发现我的手表不走了。

    ★ 那块儿手表不是他的。　　　　　　　　　　　（　×　）

11. ★ 飞机还没起飞。　　　　　　　　　　　　　　（　　　）

12. ★ 今天小朋友们看电影不用买票。　　　　　　　（　　　）

13. ★ 儿子对跳舞没有兴趣。　　　　　　　　　　　（　　　）

14. ★ 那个地方的人爱吃面条儿。　　　　　　　　　（　　　）

15. ★ 睡觉前别喝咖啡。　　　　　　　　　　　　　（　　　）

16. ★ 他的笔记本不见了。　　　　　　　　　　　　（　　　）

17. ★ 那个地方变化很大。　　　　　　　　　　　　（　　　）

18. ★ 小马工作让人很满意。　　　　　　　　　　　（　　　）

19. ★ 儿子的个子又长高了。　　　　　　　　　　　（　　　）

20. ★ 早饭不要吃太多。　　　　　　　　　　　　　（　　　）

第三部分

第21-30题

例如：男：小王，帮我开一下门，好吗？谢谢！
　　　女：没问题。您去超市了？买了这么多东西。
　　　问：男的想让小王做什么？

    A 开门 √　　　　　　**B** 拿东西　　　　　　**C** 去超市买东西

21.　**A** 要早起　　　　　**B** 想睡觉　　　　　　**C** 不想吃东西

22.　**A** 照顾孩子　　　　**B** 找人检查灯　　　　**C** 给经理打电话

23.　**A** 腿疼　　　　　　**B** 发烧了　　　　　　**C** 很生气

24.　**A** 20块　　　　　　**B** 40块　　　　　　　**C** 60块

25.　**A** 报纸　　　　　　**B** 铅笔　　　　　　　**C** 杯子

26.　**A** 银行　　　　　　**B** 饭店　　　　　　　**C** 咖啡店

27.　**A** 7月15号　　　　**B** 7月25号　　　　　**C** 9月10号

28.　**A** 吃饭　　　　　　**B** 骑车　　　　　　　**C** 问路

29.　**A** 很难过　　　　　**B** 想拿第一　　　　　**C** 对错不重要

30.　**A** 变冷了　　　　　**B** 比去年热　　　　　**C** 一直下雨

第四部分

第 31-40 题

例如：女：晚饭做好了，准备吃饭了。
男：等一会儿，比赛还有三分钟就结束了。
女：快点儿吧，一起吃，菜冷了就不好吃了。
男：你先吃，我马上就看完了。
问：男的在做什么？

A 洗澡　　　　　　　　B 吃饭　　　　　　　　C 看电视 √

31. A 他比较忙　　　　　B 他不懂汉语　　　　C 他不认识那个字

32. A 拿行李　　　　　　B 打扫房间　　　　　C 准备学习

33. A 妈妈　　　　　　　B 他的同学　　　　　C 姓马的客人

34. A 筷子　　　　　　　B 新闻　　　　　　　C 冰箱

35. A 电梯里　　　　　　B 火车上　　　　　　C 办公室里

36. A 加班了　　　　　　B 生病了　　　　　　C 变胖了

37. A 刷碗　　　　　　　B 洗手　　　　　　　C 洗澡

38. A 学生　　　　　　　B 司机　　　　　　　C 服务员

39. A 很热情　　　　　　B 长得年轻　　　　　C 很爱干净

40. A 水放多了　　　　　B 下班晚了　　　　　C 没有米了

二、阅 读

第一部分

第 41-45 题

A 你看，树后面的那只大熊猫太可爱了。

B 我没注意，你要买什么吗?

C 小张刚才说的话让你生气了?

D 放心吧，我会照顾好自己的。

E 当然。我们先坐公共汽车，然后换地铁。

F 和别人聊天的时候，不要总是看手机。

例如：你知道怎么去那儿吗?   (**E**)

41. 我跟你爸爸这次去国外，要一个星期以后才回来。   (   )

42. 没有，我明白他这是在关心我。   (   )

43. 是啊，它吃东西吃得真快。   (   )

44. 你回来的时候，对面的超市关门了吗?   (   )

45. 那会让人觉得你不是在认真听。   (   )

第 46-50 题

A 让他教教我吧, 我还不会呢。

B 我昨天去你家找你, 邻居说你不住那儿了。

C 左边这种24元, 右边的贵一些, 38元。

D 同学们, 我在黑板上画了个地图。

E 出门的时候还是晴天, 这会儿天就阴了。

46. 没关系, 我包里带伞了。　　　　　　　　　　(　　)

47. 王叔叔说他年轻的时候经常游泳。　　　　　　(　　)

48. 羊肉多少钱一斤?　　　　　　　　　　　　　(　　)

49. 你们看, 北京在这儿, 这条河就是黄河。　　　(　　)

50. 对, 我上个月刚搬走。　　　　　　　　　　　(　　)

第二部分

第 51-55 题

    A 条   **B** 发   **C** 一共   **D** 虽然   **E** 声音   **F** 水平

例如：她说话的（ **E** ）多好听啊！

51. 银行里（　　　）人很多，但是很安静。

52. 您是这（　　　）腿不舒服吗？

53. 我们去黄山玩儿了3天，（　　　）花了2000多。

54. "世界杯"是世界上影响最大、（　　　）最高的足球比赛。

55. 西安的同学（　　　）来电子邮件说，欢迎我们去那儿玩儿。

第 56-60 题

A 像　　　B 辆　　　C 环境　　　D 爱好　　　E 奇怪　　　F 为了

例如：A：你有什么（　D　）?

　　　B：我喜欢体育。

56. A：新公司怎么样? 还满意吗?

　　B：我不太习惯新公司的工作（　　　）。

57. A：这个学校有五（　　　）校车接送孩子。

　　B：是吗? 太方便了，那我下班以后就不用着急接孩子了。

58. A：这是你弟弟的照片? 长得一点儿也不（　　　）你。

　　B：他不是我弟弟，只是一个好朋友。

59. A：你爷爷看起来真年轻!

　　B：（　　　）能有一个好身体，他每周末都会爬山。

60. A：这件事情太（　　　）了，让人很难相信。

　　B：你遇到什么事了? 快跟我说说!

第三部分

第 61-70 题

例如：您是来参加今天会议的吗？ 您来早了一点儿，现在才八点半。您先进来坐吧。

　　★ 会议最可能几点开始？

　　A 8点　　　　　　**B** 8点半　　　　　　**C** 9点 √

61. 这个裙子是今年最新的，卖得非常好，而且价格也便宜，只要200块钱。你可以穿上试试，一定非常好看。

　　★ 那个裙子：

　　A 不贵　　　　　　**B** 卖完了　　　　　　**C** 秋天可以穿

62. 很多城市都有自己的市花，它一般是这个城市最常见的花。北京的市花是月季花，月季花一年四季都会开花，在北京的很多公园里都能见到。

　　★ 在北京，月季花：

　　A 很常见　　　　　　**B** 有很多颜色　　　　　　**C** 只在夏天开花

63. 遇到问题时，聪明的人会看别人过去是怎么做的，向他们学习。这样做会帮助我们发现自己的问题，然后解决问题。

　　★ 遇到问题时，聪明的人会怎么做？

　　A 查字典　　　　　　**B** 请别人帮忙　　　　　　**C** 向别人学习

64. 我和我丈夫是在2002年的冬天结婚的。其实我们在决定结婚前，只见过四次面。现在我们已经结婚快20年了，关系一直都很好。

    ★ 他们结婚前：

    A 在一起工作　　　　B 还是大学生　　　　C 没见过几次面

65. 我昨天上网的时候，看到一个工作。那个工作要求20岁以上，会中文。我觉得你可以去试试。

    ★ 那个工作有什么要求？

    A 会开车　　　　　　B 懂汉语　　　　　　C 个子高

66. 人们一般都喜欢胖胖的动物，像大熊猫，看起来非常可爱。可是很多人不怎么喜欢自己胖，他们都希望自己越瘦越好。

    ★ 很多人希望自己：

    A 不要太胖　　　　　B 变得聪明　　　　　C 看起来可爱

67. "好借好还，再借不难"是中国人常说的一句话，意思是说向别人借的东西，用完就要还回去，这样才能让别人相信你，下次还会借给你。

    ★ 借了别人的东西：

    A 要记得还　　　　　B 不要用坏了　　　　C 别用太长时间

68. 儿子今年上一年级了。开始时他很不喜欢，每天都是哭着被我们送去学校。后来他在学校里认识了很多小朋友，每天都高高兴兴地去上学，我们也放心多了。

    ★ 儿子为什么又喜欢上学了？

    A 上课有意思　　　　B 认识了不少朋友　　　C 学校里有好吃的

69. 《中国大历史》这本书介绍了中国几千年的历史和文化，写得很不错。你要想了解中国，一定要看看。

★ 读《中国大历史》，可以：

A 考上大学　　　　**B** 提高汉语水平　　　　**C** 了解中国文化

70. 我们一家人希望奶奶搬到城里跟我们一起住，但是她不同意。奶奶说，她不习惯住楼房，而且不愿意跟那些老邻居分开。

★ 奶奶不同意：

A 买房子　　　　**B** 坐飞机　　　　**C** 搬到城里

三、书 写

第一部分

第71-75题

例如：小船　　　上　　　一　　　河　　　条　　　有

　　　河上有一条小船。
_____

71. 香蕉　　　看上去很　　　你买的　　　新鲜

72. 自己的　　　他对　　　不太满意　　　成绩

73. 送给　　　我最后决定　　　把　　　自行车　　　他

74. 时候　　　起飞　　　能　　　飞机什么

75. 你　　　好吗　　　爷爷的　　　身体

第二部分

例如：没（ 关 ^{guān} ）系，别难过，高兴点儿。

76. 那个黑色的电脑要一（ ^{wàn} ）多。

77. 王老师，我想请您（ ^{gěi} ）我写一个介绍信。

78. 最后一个离（ ^{kāi} ）的人，记得关灯。

79. 你把这个面（ ^{bāo} ）吃完了，再去上课。

80. 我听说有一种没有脚的鸟，这是（ ^{zhēn} ）的吗?

03회 모의고사

준비 다 되셨나요?

1. 듣기 파일은 트랙 'TEST 03'입니다.
   (듣기 파일은 **맛있는북스 홈페이지**(www.booksJRC.com)에서 무료로 다운로드 할 수 있습니다.)
   미리 준비하지 않으셨다면 **QR코드**를 스캔해서 듣기 파일을 준비해 주세요.

2. **답안카드**는 본책 139쪽에 수록되어 있습니다. 한 장을 자른 후에 답을 기입하세요.

3. 2B연필, 지우개, 시계도 준비하셨나요? 2B연필은 두 개를 준비하면 더 좋습니다. 하나는 마킹용,
   다른 하나는 쓰기 영역을 풀 때 사용하세요.

녹음 듣기

知识就是力量!

아는 것이 힘이다!

汉语水平考试
HSK(三级)

注　意

一、HSK (三级) 分三部分：

    1.　听力 (40题，约35分钟)

    2.　阅读 (30题，30分钟)

    3.　书写 (10题，15分钟)

二、听力结束后，有5分钟填写答题卡。

三、全部考试约90分钟 (含考生填写个人信息时间5分钟)。

一、听 力

第一部分

第 1-5 题

A

B

C

D

E

F

例如：男：喂，请问张经理在吗？

　　　女：他正在开会，您半个小时以后再打，好吗？　　　　　 **D**

1. 　　　　□

2. 　　　　□

3. 　　　　□

4. 　　　　□

5. 　　　　□

第 6-10 题

A

B

C

D

E

6. ☐

7. ☐

8. ☐

9. ☐

10. ☐

第二部分

第 11-20 题

例如：为了让自己更健康，他每天都花一个小时去锻炼身体。

★ 他希望自己很健康。 (√)

今天我想早点儿回家。看了看手表，才5点。过了一会儿再看表，还是 5点，我这才发现我的手表不走了。

★ 那块儿手表不是他的。 (×)

11. ★ 他知道为什么错了。 ( )

12. ★ 那条河叫月亮河。 ( )

13. ★ 他星期天要去爬山。 ( )

14. ★ 那只狗会唱歌。 ( )

15. ★ 他这周工作很忙。 ( )

16. ★ 冬冬的数学成绩很好。 ( )

17. ★ 嘴甜的人说话让人很舒服。 ( )

18. ★ 他们以前是邻居。 ( )

19. ★ 他姐姐的女儿很少练习画画儿。 ( )

20. ★ 那个地方总是刮风。 ( )

第三部分

第21-30题

例如：男：小王，帮我开一下门，好吗？谢谢！
　　　女：没问题。您去超市了？买了这么多东西。
　　　问：男的想让小王做什么？

　　A 开门 √　　　　　　B 拿东西　　　　　　C 去超市买东西

21. A 买床　　　　　　B 试衣服　　　　　　C 选新车

22. A 同事　　　　　　B 爸爸　　　　　　　C 弟弟

23. A 鞋和裤子　　　　B 衣服和帽子　　　　C 裤子和衣服

24. A 200多块　　　　 B 2000多块　　　　　C 20000多块

25. A 关灯　　　　　　B 搬椅子　　　　　　C 开空调

26. A 医院　　　　　　B 公司　　　　　　　C 电影院

27. A 11点半　　　　　B 15分钟后　　　　　C 10点30分

28. A 不卖了　　　　　B 字不清楚　　　　　C 有点儿旧

29. A 蛋糕　　　　　　B 苹果　　　　　　　C 鸡蛋

30. A 是大学生　　　　B 打算留学　　　　　C 对音乐感兴趣

第四部分

第 31-40 题

例如：女：晚饭做好了，准备吃饭了。

男：等一会儿，比赛还有三分钟就结束了。

女：快点儿吧，一起吃，菜冷了就不好吃了。

男：你先吃，我马上就看完了。

问：男的在做什么？

A 洗澡　　　　　B 吃饭　　　　　C 看电视 √

31. A 照相　　　　　B 看比赛　　　　C 去旅游

32. A 筷子　　　　　B 杯子　　　　　C 菜单

33. A 哥哥　　　　　B 叔叔　　　　　C 弟弟

34. A 用不了了　　　B 找不到了　　　C 被别人拿走了

35. A 不经常锻炼　　B 小时候很胖　　C 身体很健康

36. A 机场　　　　　B 饭店　　　　　C 火车上

37. A 感冒了　　　　B 不想游泳　　　C 头不舒服

38. A 结婚了　　　　B 没见过雪　　　C 不喜欢北方

39. A 喝啤酒　　　　B 看电影　　　　C 去做客

40. A 下雨了　　　　B 天晴了　　　　C 刮风了

二、阅 读

第一部分

第 41-45 题

A 我不知道爷爷在睡觉，我马上关小些。

B 哥，这个词是什么意思?

C 被二班的同学借走了，说是做游戏要用。

D 我可以跟你们一起聊天儿吗?

E 当然。我们先坐公共汽车，然后换地铁。

F 但最近在准备考试，所以睡得比较晚。

例如: 你知道怎么去那儿吗?　　　　　　　　　　　　　　(　**E**　)

41. 我晚上一般十点半就上床了。　　　　　　　　　　(　　)

42. 电视声音太大了，会影响爷爷睡觉的。　　　　　(　　)

43. 欢迎，我们在说运动会的事。　　　　　　　　　　(　　)

44. 我也不清楚，你还是查一下词典吧。　　　　　　(　　)

45. 奇怪，怎么少了好几张桌子?　　　　　　　　　　(　　)

第 46-50 题

A 你的小狗呢?

B 快尝尝看，和以前一样吗?

C 不能只是着急和生气。

D 先给我来一杯咖啡吧，还有一杯一会儿再点。

E 我的眼睛不太好，看不清楚。

46. 奶奶，您看到这上面的字了吗?　　　　　　　(　　　)

47. 我送到朋友家了，这几天没时间照顾它。　　　(　　　)

48. 好久没吃你做的鸡蛋面了。　　　　　　　　　(　　　)

49. 先生，请问您喝点儿什么?　　　　　　　　　(　　　)

50. 同学们，遇到问题时，应该想办法去解决。　　(　　　)

第二部分

第51-55题

    A 把   **B** 同意   **C** 然后   **D** 刷牙   **E** 声音   **F** 节目

例如：她说话的（   **E**   ）多好听啊！

51. 从上个月开始，女儿就能自己洗脸和（   ）了。

52. 因为我这次的成绩不错，所以爸爸（   ）给我买手机。

53. 我们先去吃点儿什么，（   ）再去商店买东西吧。

54. 大家准备好了吗? 下一个就是我们班的（   ）了。

55. 飞机马上就要起飞了，请大家（   ）手机关上。

第 56-60 题

A 种　　B 才　　　C 关系　　　D 爱好　　　E 简单　　　F 文化

例如：A：你有什么（　D　）?

　　　　B：我喜欢体育。

56. A：请问，有这个药吗?

　　 B：这个药只有医院（　　　　）有，药店买不到。

57. A：你知道这（　　　　）树叫什么名字吗?

　　 B：你问问老李吧，他很了解这些。

58. A：能不能找到更（　　　　）的解决办法?

　　 B：让我再想一想。

59. A：你在看什么书?

　　 B：一本关于黄河的书，它可以帮助我们了解黄河的历史和（　　　　）。

60. A：你跟小王是朋友?

　　 B：当然，我们住得很近，早上经常一起跑步，（　　　　）一直不错。

第三部分

第61-70题

例如：您是来参加今天会议的吗？您来早了一点儿，现在才八点半。您先进来坐吧。

★ 会议最可能几点开始？

A 8点　　　　　　　B 8点半　　　　　　C 9点 √

61. 虽然这家店的菜要比别的地方贵几角钱，但是这儿的菜更新鲜，所以我一般都来这里买。

★ 那家店的菜：

A 很新鲜　　　　　B 有点儿少　　　　　C 便宜几分钱

62. 我朋友有个房子要出租。那个房子在四楼，很干净，而且里面有空调、冰箱、洗衣机。附近还有超市、医院，离地铁站也只有五百米左右，去哪儿都很方便。

★ 那个房子：

A 不太干净　　　　B 在学校附近　　　　C 离地铁站很近

63. 邻居张奶奶已经70多岁了，但是她很健康，看起来一点儿也不老。张奶奶平时最喜欢运动，每个星期天，她都跟家人或者朋友一起去爬山。

★ 张奶奶：

A 起床早　　　　　B 最爱吃鸡蛋　　　　C 星期天去爬山

64. 现在很多人认为瘦是一种美，所以有些女孩儿为了能瘦一点儿，几乎不吃饭，只吃点儿水果，其实这不一定能瘦下来，而且对身体也不好，不健康。

   ★ 根据这段话，可以知道：

   A 要多喝牛奶　　　　B 瘦下来很难　　　　C 只吃水果不健康

65. "日久见人心"的意思是，认识时间短，对一个人不可能了解太多，只有在一起的时间长了，才能看出这个人怎么样。

   ★ 了解一个人，需要：

   A 较长时间　　　　B 多跟他聊天　　　　C 经常给他打电话

66. 北京的夏天热、冬天冷，春天短，而且风很大。只有秋天是最好的季节，很多人选择这时候来北京旅游。

   ★ 这段话主要讲：

   A 北京的四季　　　　B 北方的文化　　　　C 城市的变化

67. 如果你经常睡不好觉，最好不要在晚上喝咖啡，因为咖啡容易让人睡不着觉，而且可能影响到第二天的工作和学习。

   ★ 晚上喝咖啡会：

   A 影响健康　　　　B 睡不好觉　　　　C 变得高兴

68. 《百家姓》是一本有很多年历史的书，它主要介绍了中国人的姓。虽然叫《百家姓》，但其实中国人的姓比书中介绍的多得多。

   ★《百家姓》介绍了：

   A 中国人的姓　　　　B 中国的节日　　　　C 中国的房子

69. 各位同学，这周五在图书馆三层有一个读书会，时间是下午三点到五点，欢迎大家来参加。我们会为每位来参加的同学准备一个小礼物。

★ 读书会：

A 在五层　　　　　B 三点开始　　　　　C 有一个半小时

70. 有人说，一件事情只要一直做21天以上，就会成为一种习惯。所以我们做事情的时候，比如运动，虽然开始比较困难，但只要一直做下去，就会变成习惯。

★ 一件事一直做21天以上，会：

A 变成习惯　　　　　B 提高成绩　　　　　C 没有兴趣

三、书写

第一部分

第 71−75 题

例如：小船　　上　　一　　河　　条　　有

　　　<u>河上有一条小船。　　　　　　　　　　　</u>

71. 满意　　　地　　　了　　　他　　　笑

72. 洗手间　　　洗洗　　　脸　　　我去

73. 要求　　　照片　　　办护照用的　　　有什么

74. 都　　　健康　　　比什么　　　重要

75. 一共　　　那里　　　多少只猫　　　有

第二部分

第76-80题

例如：没（ 关 ^{guān} ）系，别难过，高兴点儿。

76. 中国的很多节日都跟月亮有（ ^{guān} ）。

77. 一（ ^{nián} ）级的学生在前面那个楼上课。

78. 春天，学校里的（ ^{huā} ）都开了，漂亮极了。

79. 他相信自己的回答是（ ^{duì} ）的。

80. 这个大城市（ ^{lǐ} ）住着2000多万人。

04회

모의고사

녹음 듣기

준비 다 되셨나요?

1. 듣기 파일은 트랙 'TEST 04'입니다.

(듣기 파일은 **맛있는북스 홈페이지**(www.booksJRC.com)에서 무료로 다운로드 할 수 있습니다.)

미리 준비하지 않으셨다면 **QR코드**를 스캔해서 듣기 파일을 준비해 주세요.

2. 답안카드는 본책 139쪽에 수록되어 있습니다. 한 장을 자른 후에 답을 기입하세요.

3. 2B연필, 지우개, 시계도 준비하셨나요? 2B연필은 두 개를 준비하면 더 좋습니다. 하나는 마킹용,

다른 하나는 쓰기 영역을 풀 때 사용하세요.

机会总是留给有准备的人!

기회는 준비된 사람에게 온다!

汉 语 水 平 考 试
HSK(三级)

注　意

一、HSK(三级)分三部分：

    1.　听力(40题，约35分钟)

    2.　阅读(30题，30分钟)

    3.　书写(10题，15分钟)

二、听力结束后，有5分钟填写答题卡。

三、全部考试约90分钟(含考生填写个人信息时间5分钟)。

一、听 力

第一部分

第1-5题

A

B

C

D

E

F

例如：男：喂，请问张经理在吗？

女：他正在开会，您半个小时以后再打，好吗？

D

1. ☐

2. ☐

3. ☐

4. ☐

5. ☐

第 6 – 10 题

A

B

C

D

E

6. ☐

7. ☐

8. ☐

9. ☐

10. ☐

第二部分

第11-20题

例如：为了让自己更健康，他每天都花一个小时去锻炼身体。

　　★ 他希望自己很健康。　　　　　　　　　　（　√　）

　　今天我想早点儿回家。看了看手表，才5点。过了一会儿再看表，还是5点，我这才发现我的手表不走了。

　　★ 那块儿手表不是他的。　　　　　　　　　　（　×　）

11. ★ 那个地方的茶很有名。　　　　　　　　　　（　　　）

12. ★ 出现问题应该找人帮忙。　　　　　　　　　（　　　）

13. ★ 校长站在最前面。　　　　　　　　　　　　（　　　）

14. ★ 他打算今天去还书。　　　　　　　　　　　（　　　）

15. ★ 王阿姨会打篮球。　　　　　　　　　　　　（　　　）

16. ★ 外面下雪了。　　　　　　　　　　　　　　（　　　）

17. ★ 休息室在八层。　　　　　　　　　　　　　（　　　）

18. ★ 张明坐火车时喜欢看杂志。　　　　　　　　（　　　）

19. ★ 医生认为妈妈的肚子没问题。　　　　　　　（　　　）

20. ★ 房间里很冷。　　　　　　　　　　　　　　（　　　）

第三部分

第 21-30 题

例如：男：小王，帮我开一下门，好吗？谢谢！
　　　女：没问题。您去超市了？买了这么多东西。
　　　问：男的想让小王做什么？

　　　A 开门 √　　　　　　　B 拿东西　　　　　　　C 去超市买东西

21. A 电梯　　　　　　　B 学校　　　　　　　C 超市

22. A 生病了　　　　　　B 不上班　　　　　　C 没带钱包

23. A 回家　　　　　　　B 睡觉　　　　　　　C 休息

24. A 很忙　　　　　　　B 爱买东西　　　　　　C 很喜欢唱歌

25. A 妈妈　　　　　　　B 妻子　　　　　　　C 邻居

26. A 坐地铁　　　　　　B 看地图　　　　　　C 问别人

27. A 女的很胖　　　　　B 自己长高了　　　　C 女的没有变化

28. A 9:00　　　　　　　B 9:15　　　　　　　C 9:45

29. A 书店　　　　　　　B 饭馆　　　　　　　C 电影院

30. A 300元　　　　　　　B 400元　　　　　　　C 3000元

第四部分

第 31-40 题

例如：女：晚饭做好了，准备吃饭了。

男：等一会儿，比赛还有三分钟就结束了。

女：快点儿吧，一起吃，菜冷了就不好吃了。

男：你先吃，我马上就看完了。

问：男的在做什么？

A 洗澡　　　　　　B 吃饭　　　　　　C 看电视 √

31. A 空调坏了　　　　B 要换房间　　　　C 身体不舒服

32. A 很生气　　　　　B 买了蛋糕　　　　C 不吃牛肉

33. A 非常好　　　　　B 需要提高　　　　C 说得不好

34. A 酒　　　　　　　B 水果　　　　　　C 饮料

35. A 不想工作　　　　B 最近没工作　　　C 找到工作了

36. A 一般　　　　　　B 不干净　　　　　C 挺不错

37. A 司机　　　　　　B 医生　　　　　　C 服务员

38. A 动物　　　　　　B 天气　　　　　　C 城市

39. A 桌子和电视　　　B 杯子和椅子　　　C 桌子和椅子

40. A 做面包　　　　　B 买衣服　　　　　C 打扫房间

二、阅 读

第一部分

第 41–45 题

A 对不起，我有事儿。不能跟你一起看电影。

B 你不用那么急，先拿着用。

C 这只小狗是你画的吗？是谁教你的啊？

D 不用了，谢谢，我坐地铁很方便。

E 当然。我们先坐公共汽车，然后换地铁。

F 不太远，我骑自行车半个小时就到了。

例如：你知道怎么去那儿吗？　　　　　　　　　　　　　　　（　**E**　）

41. 你要去哪儿？我让司机开车送你去吧。　　　　　　　　（　　　）

42. 是我妈教我的，可爱吧？　　　　　　　　　　　　　　（　　　）

43. 中国有句话，"好借好还，再借不难"，我下周就还你。　（　　　）

44. 听说这部电影很有意思，晚上一起去看吧。　　　　　　（　　　）

45. 你住的地方离这儿远吗？　　　　　　　　　　　　　　（　　　）

第 46-50 题

A 你喜欢什么电视节目?

B 你终于来了,都八点一刻了。

C 是吗? 我还以为她已经出国了呢。

D 不是,我是南方人,但我在北京工作过。

E 现在,她觉得那是一件非常快乐的事情。

46. 对不起,来机场的路上发现没带护照。 ( )

47. 有时候我会看看新闻或者电视剧。 ( )

48. 你的普通话说得真好,你是北京人吗? ( )

49. 女儿第一次骑马的时候比较害怕。 ( )

50. 我上午遇到小马了,她正要去办护照。 ( )

第二部分

第51-55题

A 踢　　**B** 历史　　**C** 附近　　**D** 热情　　**E** 声音　　**F** 打算

例如：她说话的（　**E**　）多好听啊！

51. 你看看（　　　　）有没有卖水果的地方。

52. 周末如果天气好，我（　　　　）和朋友出去玩儿。

53. 弟弟从小就对（　　　　）非常有兴趣。

54. 比赛要求不太复杂，10分钟，谁（　　　　）进的球最多，谁就是第一。

55. 那家饭馆的服务员都很（　　　　），所以很多人喜欢去那儿吃饭。

第 56−60 题

A 教　　B 其实　　C 多么　　D 爱好　　E 除了　　F 相信

例如：A：你有什么（　D　）?

　　　　B：我喜欢体育。

56. A：你对你的生活满意吗?

　　 B：还可以。我（　　　）以后我会越来越幸福。

57. A：姐，这道数学题怎么做啊?

　　 B：很简单，我（　　　）你。

58. A：你喜欢这种音乐节目?

　　 B：（　　　）我只想听听那些老歌。

59. A：这是一个（　　　）好的机会啊! 你必须去。

　　 B：一共只有两个月? 那好吧。

60. A：你都去过哪些地方?

　　 B：（　　　）上海，哪儿都没去过。

第三部分

第61-70题

例如: 您是来参加今天会议的吗? 您来早了一点儿, 现在才八点半。您先进来坐吧。

　　★ 会议最可能几点开始?

　　A 8点　　　　　　　　**B** 8点半　　　　　　　**C** 9点 √

61. 张先生, 您到饭店以后, 先休息一下。中午我们一起吃午饭。下午三点我们经理和您见面, 晚上经理请您吃晚饭。

　　★ 张先生三点:

　　A 在饭店休息　　　　**B** 跟经理见面　　　　**C** 到外面去看看

62. 我是李明, 第一个字是我的姓。中国人的名字和你们国家不太一样, 中国人的姓都在最前面, 一般是一个字。

　　★ 中国人的姓一般:

　　A 一个字　　　　　　**B** 在后面　　　　　　**C** 两个字

63. 听说你下个星期就要回国了。因为我下星期不在, 没办法去机场送你了。这本小说送给你, 希望你明年再来中国玩儿。

　　★ 他为什么现在送礼物?

　　A 要去旅游　　　　　**B** 朋友过生日　　　　　**C** 下星期不在

64. 做蛋糕不像大家想的那么难，先准备好面、牛奶、鸡蛋、糖和水果。我们现在开始做吧。

   ★ 根据这段话，做蛋糕：

   A 很简单　　　　　　B 不用鸡蛋　　　　　　C 需要很长时间

65. 您是来参加今天面试的吗？面试十点开始，您来早了一点儿。现在离面试还有二十分钟，请您在外面等一下。

   ★ 现在几点？

   A 9:40　　　　　　B 10:00　　　　　　C 10:20

66. 这些药没有什么作用，她的头还是很疼，昨天晚上也没睡好觉。我担心影响她的学习，打算带她到医院检查检查。

   ★ 说话人打算：

   A 吃药　　　　　　B 睡觉　　　　　　C 去医院

67. 那个地方很有名，蓝天、白云、绿草，非常漂亮，很多人喜欢去那里旅游。奶奶家就在那儿，她家旁边有一条小河，河边有小小的水草，河里有一种黄色的小鱼。

   ★ 那个地方：

   A 经常下雪　　　　　B 环境很好　　　　　C 空气一般

68. 女儿从小就喜欢短头发，像男孩子一样喜欢打篮球。长大后，她慢慢地开始像个女孩子了。她学习一直很努力，成绩很好。

   ★ 女儿：

   A 是运动员　　　　　B 学习很认真　　　　　C 喜欢踢足球

69. 遇到难题时，着急和伤心是没有用的，我们应该努力地想办法，去解决问题。等事情过去后，你会发现，那个问题其实很容易解决。

　　★ 这段话主要讲：

　　　A 学会说不　　　　　B 着急的坏处　　　　C 怎么解决难题

70. 那条街上以前有一家饭馆儿，他们家的饭菜特别有名。每次去那儿吃饭，饭馆儿里总是有很多客人。

　　★ 那家饭馆儿：

　　　A 客人不多　　　　　B 在超市旁边　　　　C 饭菜很好吃

三、书 写

第一部分

第71-75题

例如：小船　　上　　一　　河　　条　　有

　　　河上有一条小船。_____

71. 一件快乐的　　　　是　　　　帮助别人　　　　事

72. 对　　　　他　　　很　　　了解　　　中国文化

73. 住在　　　　你　　　城市　　　哪个

74. 请张老师　　　校长　　　想　　　讲课

75. 我的大衣　　　妹妹　　　穿走了　　　被

第二部分

第76-80题

例如：没（ ^{guān}关 ）系，别难过，高兴点儿。

76. 她早上出（ ^{mén} ）的时候忘记带手机了。

77. 不是右边，我说的是（ ^{zuǒ} ）边的那个帽子。

78. 感冒了要多（ ^{hē} ）水，多注意休息。

79. 他上课的时候，突然（ ^{jué} ）得身体不舒服。

80. 超市离这儿很（ ^{yuǎn} ），我们坐出租车去吧。

05회

모의고사

녹음 듣기

준비 다 되셨나요?

1. 듣기 파일은 트랙 'TEST 05'입니다.
   (듣기 파일은 **맛있는북스 홈페이지**(www.booksJRC.com)에서 무료로 다운로드 할 수 있습니다.)
   미리 준비하지 않으셨다면 **QR코드**를 스캔해서 듣기 파일을 준비해 주세요.

2. **답안카드**는 본책 139쪽에 수록되어 있습니다. 한 장을 자른 후에 답을 기입하세요.

3. 2B연필, 지우개, 시계도 준비하셨나요? 2B연필은 두 개를 준비하면 더 좋습니다. 하나는 마킹용,
   다른 하나는 쓰기 영역을 풀 때 사용하세요.

梦想成真!

꿈은 이루어진다!

汉语水平考试
HSK(三级)

注　意

一、HSK (三级) 分三部分：

   1. 听力 (40题，约35分钟)

   2. 阅读 (30题，30分钟)

   3. 书写 (10题，15分钟)

二、听力结束后，有5分钟填写答题卡。

三、全部考试约90分钟 (含考生填写个人信息时间5分钟)。

一、听 力

第一部分

第 1–5 题

A

B

C

D

E

F

例如：男：喂，请问张经理在吗？

女：他正在开会，您半个小时以后再打，好吗？

D

1.

2.

3.

4.

5.

第 6 – 10 题

A

B

C

D

E

6. ☐

7. ☐

8. ☐

9. ☐

10. ☐

第二部分

第 11-20 题

例如：为了让自己更健康，他每天都花一个小时去锻炼身体。

    ★ 他希望自己很健康。　　　　　　　　　　　　（　√　）

    今天我想早点儿回家。看了看手表，才5点。过了一会儿再看表，还是5点，我这才发现我的手表不走了。

    ★ 那块儿手表不是他的。　　　　　　　　　　　（　×　）

11. ★ 那本书主要介绍历史。　　　　　　　　　　　（　　　）

12. ★ 那儿的人不习惯说东西南北。　　　　　　　　（　　　）

13. ★ 他在北京玩儿了很多地方。　　　　　　　　　（　　　）

14. ★ 他没跟朋友一起玩儿雪。　　　　　　　　　　（　　　）

15. ★ 邻居是一位老人。　　　　　　　　　　　　　（　　　）

16. ★ 他的成绩提高了很多。　　　　　　　　　　　（　　　）

17. ★ 那双鞋卖1000多元。　　　　　　　　　　　　（　　　）

18. ★ 他找到手表了。　　　　　　　　　　　　　　（　　　）

19. ★ 爷爷打算明年去国外。　　　　　　　　　　　（　　　）

20. ★ 他对汉语不感兴趣。　　　　　　　　　　　　（　　　）

第三部分

第 21-30 题

例如：男：小王，帮我开一下门，好吗？谢谢！

女：没问题。您去超市了？买了这么多东西。

问：男的想让小王做什么？

A 开门 √   B 拿东西   C 去超市买东西

21. A 同事   B 妹妹   C 同学

22. A 7:30   B 8:00   C 8:30

23. A 房间很干净   B 妈妈明天来   C 冰箱是空的

24. A 喝饮料   B 不喝咖啡   C 火车晚了

25. A 红的   B 黄的   C 蓝的

26. A 饭馆   B 商店   C 图书馆

27. A 汉语   B 英语   C 历史

28. A 爬山   B 跑步   C 骑马

29. A 姐姐   B 妈妈   C 奶奶

30. A 上课   B 开会   C 听音乐

第四部分

第 31-40 题

例如：女：晚饭做好了，准备吃饭了。
男：等一会儿，比赛还有三分钟就结束了。
女：快点儿吧，一起吃，菜冷了就不好吃了。
男：你先吃，我马上就看完了。
问：男的在做什么？

A 洗澡   B 吃饭   C 看电视 √

31. A 牙疼   B 困了   C 发烧了

32. A 同学   B 老师和学生   C 老师和校长

33. A 吃饱了   B 明天再吃   C 不爱吃饺子

34. A 人很多   B 非常大   C 很安静

35. A 在四层看   B 快开始了   C 没有意思

36. A 旅游   B 踢足球   C 吃面条

37. A 腿   B 脚   C 头

38. A 准备考试   B 没喝咖啡   C 每天锻炼身体

39. A 再见面   B 打电话   C 离开上海

40. A 学校附近   B 公司前边   C 新开的店

二、阅 读

第一部分

第 41–45 题

A 奶奶喜欢那个新买的照相机吗?

B 那双鞋我穿着有点儿小,给我妹妹了。

C 我又胖了两公斤。今天晚上我得少吃点儿饭。

D 是的,这儿的菜都太甜了!

E 当然。我们先坐公共汽车,然后换地铁。

F 我们快点儿坐车回家吧。

例如:你知道怎么去那儿吗?   (**E**)

41. 张老师,不习惯这里的饭菜吧?   (   )

42. 刚才还是晴天,现在就阴了,可能要下雨。   (   )

43. 喜欢,她说很好用,非常满意。   (   )

44. 没关系,我觉得你这样更可爱。   (   )

45. 你从网上买的那双鞋呢?   (   )

第 46–50 题

A 好的，我也有些渴了。

B 你这张照片照得真漂亮！什么时候照的？

C 从今天早上开始一直上不了网。

D 昨天课上讲的那些题，你们会做了吗？

E 没有，我给他打了个电话，他同意我们的要求。

46. 去年秋天，学校举行运动会的时候照的。 （　　　）

47. 我的电脑不知道哪儿出了问题。 （　　　）

48. 把菜单给我，我们喝杯绿茶吧。 （　　　）

49. 怎么样了？你中午见到王经理了吗？ （　　　）

50. 差不多会了，但有些题还不太清楚。 （　　　）

第二部分

第51-55题

  A 张   **B** 经常   **C** 习惯   **D** 检查   **E** 声音   **F** 安静

例如：她说话的（ **E** ）多好听啊！

51. 小时候，爸爸（   ）带我去公园玩儿。

52. 他个子很高，这（   ）桌子太低，坐着很不舒服。

53. 有不懂的地方，就去问老师，这是一个比较好的学习（   ）。

54. 我们家附近的环境很不错，又（   ）又干净。

55. 数学题做完以后，你最好再（   ）一下。

第 56-60 题

A 还　　B 结束　　C 虽然　　D 爱好　　E 久　　F 终于

例如：A：你有什么（　D　）?

　　　　B：我喜欢体育。

56. A：会议九点半能（　　　　）吗? 外面有人找张经理。

　　 B：应该差不多，你让他等一下。

57. A：妈，你怎么去了这么（　　　　）?

　　 B：商店里的人太多了。

58. A：你（　　　　）回来了，肉买了吗?

　　 B：医生不让你吃肉。我买了些果汁和蔬菜。

59. A：那本小说你（　　　　）了?

　　 B：嗯，不过我觉得不太有意思，而且很多地方没看懂。

60. A：他们（　　　　）只学了半年的汉语，但是已经学得很好了。

　　 B：看来他们平时很努力学习。

第三部分

第61-70题

例如：您是来参加今天会议的吗？您来早了一点儿，现在才八点半。您先进来坐吧。

　　★ 会议最可能几点开始？

　　A 8点　　　　　　　　　B 8点半　　　　　　　C 9点 √

61. 昨天晚上看球赛，睡得太晚了，今天起床时发现已经八点多了。我刷了牙，洗了脸，就出来了。

　　★ 他今天可能几点起床的？

　　A 7:50　　　　　　　　B 8:10　　　　　　　　C 9:00

62. 小王是2018年2月开始工作的。虽然工作的时间很短，但是他做事非常认真，同事们都很喜欢他。

　　★ 小王：

　　A 认真　　　　　　　　B 聪明　　　　　　　　C 长得高

63. 到了学校，他才发现学生证不见了，在书包里找了半天，也没找到，很着急。

　　★ 他为什么着急？

　　A 迟到了　　　　　　　B 忘记拿书包了　　　　C 找不到学生证了

64. 我们做一个练习。请用黑板上的这些词语，写一段话，要求100字以上，下课前交给我。现在开始。

　　★ 根据这段话，说话人可能是：

　　　　A 老师　　　　　　**B** 留学生　　　　　　**C** 服务员

65. 爸，您知道吗？ 地铁17号线经过我们家附近，而且地铁站离我们家很近。以后，您上班就方便多了，从家到您公司只要花20分钟，比坐公共汽车快多了。

　　★ 地铁17号线：

　　　　A 离他家不远　　　**B** 旁边有火车站　　**C** 比坐公共汽车慢

66. 多吃新鲜水果对身体好，但是饭后最好不要马上吃水果，吃水果的时间应该是饭后两小时或饭前一小时。

　　★ 这段话主要告诉我们：

　　　　A 吃水果的时间　　**B** 吃水果的好处　　**C** 吃水果的作用

67. 儿子昨天告诉我他要跟女朋友结婚了，我非常高兴。因为我第一次看见他的女朋友，就觉得他的女朋友是个漂亮、聪明的人。现在他们决定要结婚了，我就放心了。

　　★ 儿子要：

　　　　A 结婚　　　　　　**B** 上大学　　　　　　**C** 找工作

68. 上周末我跟朋友一起去游泳，把我累坏了，到现在我的全身还在疼。看来我是应该多锻炼锻炼了。

　　★ 他打算：

　　　　A 去旅行　　　　　**B** 去医院　　　　　　**C** 锻炼身体

69. "笑一笑，十年少"是中国人常说的一句话，意思是笑的好处很多，笑一笑会让人年轻10岁。我们应该常笑，这样才能使自己更年轻，不容易变老。

★ 根据这段话，可以知道：

A 人应该常笑　　　B 笑能让人变老　　　C 爱笑的人更聪明

70. 过去这儿有很多低矮的旧房子，但是现在都不见了。出现在我们眼前的是干净的街道和漂亮的花园，这个城市的变化真大。

★ 这个城市以前：

A 很干净　　　B 特别漂亮　　　C 有不少老房子

三、书 写

第一部分

第71-75题

例如：小船　　上　　一　　河　　条　　有

　　　<u>河上有一条小船。</u>

71. 写日记的　　　我弟弟　　　习惯　　　有

72. 跟他　　我　　见面　　不想

73. 吃　　医生　　这种药　　让我

74. 妈妈做的　　了　　好吃　　蛋糕　　太

75. 这儿　　请　　名字　　把　　写在

第二部分

第76-80题

例如：没（ 关 ^{guān} ）系，别难过，高兴点儿。

76. 从我家到地铁站不远，（ 只 ^{zhǐ} ）需要几分钟就到了。

77. 我妈妈在学校（ 教 ^{jiāo} ）学生英语。

78. 春节是（ 中 ^{zhōng} ）国最重要的节日。

79. 你的头发太（ 长 ^{cháng} ）了，像草一样。

80. 这家的东西又好，价钱又（ 便 ^{pián} ）宜，你放心买吧。

정답

녹음 대본

정답

듣기

1. B	2. F	3. A	4. C	5. E	6. B	7. E	8. A	9. C	10. D
11. √	12. X	13. √	14. X	15. X	16. √	17. √	18. X	19. X	20. √
21. C	22. A	23. B	24. B	25. A	26. C	27. B	28. C	29. A	30. C
31. A	32. B	33. A	34. C	35. A	36. A	37. C	38. B	39. B	40. A

독해

41. F	42. A	43. D	44. C	45. B	46. C	47. D	48. B	49. A	50. E
51. D	52. A	53. C	54. B	55. F	56. A	57. C	58. B	59. F	60. E
61. A	62. B	63. C	64. C	65. B	66. B	67. C	68. B	69. C	70. A

쓰기

71. 这个苹果真甜啊!

72. 山上的树和草都绿了。

73. 老师要求我们买的是这种笔记本。

74. 校长办公室的电话是多少?

75. 那个瓶子被奶奶拿走了。

76. 黑　77. 也　78. 同　79. 办　80. 回

녹음 대본

(音乐，30秒，渐弱)

大家好！欢迎参加HSK(三级)考试。
大家好！欢迎参加HSK(三级)考试。
大家好！欢迎参加HSK(三级)考试。

HSK(三级)听力考试分四部分，共40题。
请大家注意，听力考试现在开始。

第一部分

一共10个题，每题听两次。

例如：男：喂，请问张经理在吗？
　　　女：他正在开会，您半个小时以后再打，好吗？

现在开始第1到5题：

1. 女：小白，小心你的脚下。
1-01　男：谢谢，我刚才一直在想考试的事，都没注意到。

2. 男：节目要开始了，你等一下再洗吧。
1-02　女：就差一个盘子了，马上就好。

3. 女：休息一会儿吧，我现在太累了。
1-03　男：好。不过我觉得你应该经常出来跑步，锻炼身体。

4. 男：祝你生日快乐！希望你越来越漂亮！
1-04　女：谢谢你们！我来给大家分蛋糕吧！

5. 女：这些东西一共是350元。
1-05　男：好的，我刷信用卡。

现在开始第 6 到 10 题：

6. 男：买这辆小汽车给小新做礼物怎么样？
1-06 女：好，我觉得他一定会很喜欢的。

7. 女：你听到小鸟的声音了吗？多么好听啊！
1-07 男：是啊，就像在唱歌一样。

8. 男：经理，我可以请一天假吗？我从昨天开始一直头疼，想去医院看看。
1-08 女：好的，你要好好儿休息。

9. 女：你家小狗喜欢洗澡吗？
1-09 男：它以前一洗澡就叫，不过现在喜欢上洗澡了。我一周给它洗两次。

10. 男：大家能看清楚黑板上的字吗？
1-10 女：老师，我看不清。您能写大点儿吗？

第二部分

一共 10 个题，每题听两次。

例如：为了让自己更健康，他每天都花一个小时去锻炼身体。

　　★ 他希望自己很健康。

　　今天我想早点儿回家。看了看手表，才5点。过了一会儿再看表，还是5点，我这才发现我的手表不走了。

　　★ 那块儿手表不是他的。

现在开始第 11 题：

11. 夏阿姨是我们家的邻居。她虽然搬来不久，但是经常帮助我们。认识她的人也都说她很
1-11 热情。

　　★ 夏阿姨很热情。

12. 我的妻子是一名医生，她一年四季工作都很忙，几乎没有时间和家人一起出门旅游。
   1-12
   ★ 他的妻子经常出去旅游。

13. 没关系，我名字中间的那个字很少见，很多人都会读错，我都习惯了。
   1-13
   ★ 他的名字常被人叫错。

14. 他每天到办公室的第一件事，就是打开电脑看电子邮件，然后才开始别的工作。
   1-14
   ★ 他对自己的工作没兴趣。

15. 我的女儿非常喜欢大熊猫，每年我们都会带她去动物园看熊猫。她觉得胖胖的大熊猫非常可爱。
   1-15
   ★ 女儿害怕大熊猫。

16. 我在一家游戏公司上班，所以很多朋友都认为我每天玩儿游戏。其实不是，我平时很少玩儿游戏。
   1-16
   ★ 他的工作和游戏有关。

17. 这次比赛需要5个人参加，现在还差一个人。小王经常运动，身体很不错，我觉得他可以试试。
   1-17
   ★ 他打算让小王参加比赛。

18. 一年四季中，我觉得最舒服的季节就是秋天。秋天不冷也不热，而且不像春天那样风很大。
   1-18
   ★ 他最喜欢春天。

19. 儿子，以前一直是我和你妈妈照顾你。现在，你已经长大了，要学会自己照顾自己。
   1-19
   ★ 儿子以前能照顾自己。

20. 这个空调是今年最新的。它非常轻，而且声音也很小，最重要的是现在还很便宜。
   1-20
   ★ 那个空调不贵。

一共 10 个题，每题听两次。

例如：男：小王，帮我开一下门，好吗? 谢谢!

女：没问题。您去超市了? 买了这么多东西。

问：男的想让小王做什么?

现在开始第 21 题:

21. 女：明天下午不上课，我们骑车去世界公园玩儿吧。
1-21 男：好啊，到时候记得带上照相机。

问：他们打算怎么去公园?

22. 男：下个月有三天的假，你打算怎么过?
1-22 女：我跟丈夫都喜欢山，所以我们决定一起去爬黄山。

问：女的下个月打算做什么?

23. 女：现在已经6点半了，再不快点儿，就要迟到了。
1-23 男：放心，客人7点一刻才到火车站。我们走路过去，也就10分钟。

问：客人几点到火车站?

24. 男：这件衬衫我穿着有点儿大，能帮我拿件小一点儿的吗?
1-24 女：这种衬衫只有蓝色的了，可以吗?

问：男的觉得那件衬衫怎么样?

25. 女：这是你第一次来中国吗?
1-25 男：不是，我2010年来上海学过汉语，这次来是为了工作。

问：男的这次来中国做什么?

26. 男：奶奶，您坐在这儿吧!
1-26 女：不用了。我下一站就下车，你坐吧，谢谢你!

问：他们可能在哪儿?

27. 女：请问，船票多少钱一张？
    男：大人的船票是30，小孩子的是10块。
    问：一张大人的船票多少钱？

28. 男：关于北京的历史，你是怎么知道这么多的？
    女：小时候，爷爷经常给我讲老北京的故事，我非常感兴趣。
    问：谁经常给女的讲故事？

29. 女：一年没见，没想到你儿子长这么高了！
    男：是啊，现在的孩子长得都很高，不像我们小时候。
    问：关于儿子，可以知道什么？

30. 男：听说你这周末搬家，需要我帮忙吗？
    女：没关系，我找了搬家公司，很快就会搬完的。
    问：女的是什么意思？

第四部分

一共 10 个题，每题听两次。

例如：女：晚饭做好了，准备吃饭了。
      男：等一会儿，比赛还有三分钟就结束了。
      女：快点儿吧，一起吃，菜冷了就不好吃了。
      男：你先吃，我马上就看完了。
      问：男的在做什么？

现在开始第 31 题：

31. 女：你拿这么多书去哪儿？
    男：我要去图书馆还书。
    女：你去图书馆的时候，帮我借本《文化旅行》，好吗？
    男：没问题。
    问：男的去图书馆做什么？

32. 男：喂，您好！我家冰箱坏了，能找人来检查一下吗？
    1-32　女：好的，请问您什么时候在家？
    男：我一般周末上午都在家，这周六上午11点，可以吗？
    女：没问题，先生。
    问：男的一般什么时候在家？

33. 女：前面有两条路，我们应该走哪条？
    1-33　男：如果我没记错，应该走右边这条。
    女：还是查一下手机地图吧，别走错了。
    男：那你帮我拿一下东西，我来查。
    问：女的是什么意思？

34. 男：小王，没想到在这儿见到你！
    1-34　女：是啊，我们好久没见了。
    男：你要买什么？
    女：下个星期我妈妈过生日，我来给她选生日礼物。
    问：女的打算买什么？

35. 女：您好！请问，您现在点菜吗？
    1-35　男：我们还有一个人没来，等他来了再点。
    女：好的。有什么需要，您再叫我。
    男：先帮我拿杯热水吧，谢谢！
    问：他们可能在哪儿？

36. 男：这周末天气怎么样？
    1-36　女：听说星期六上午阴天，不过下午就晴了。
    男：那我们周六下午去公园看花吧。
    女：好啊。我要穿上漂亮的裙子！
    问：星期六下午的天气怎么样？

37. 女：你在找什么呢？
    1-37　男：我的机票不见了。
    女：别着急，你慢慢找。书包里面也没有吗？
    男：找到了！被我放在护照里了。
    问：男的正在找什么？

38. 男：你知道吗？王阿姨今年已经65岁了。

1-38

女：什么？她看起来只有40多岁。

男：我也是刚才知道的。她告诉我下个月她儿子结婚。

女：下个月几号？我们一起去吧。

问：关于王阿姨，可以知道什么？

39. 女：女儿怎么一直在哭啊？

1-39

男：不会是感冒了吧？昨天我带她去河边玩儿的时候，忘记给她多穿衣服了。

女：你看，她都发烧了。

男：是我太不小心了，我们马上带她去医院吧。

问：女儿怎么了？

40. 男：早上最早的地铁是几点？

1-40

女：5点半左右。怎么了？

男：明天叔叔来，他的飞机是7点到。我得去机场接他。

女：那你坐6点的地铁去就行。

问：男的明天要去接谁？

听力考试现在结束。

정답

듣기

1. F	2. E	3. B	4. A	5. C	6. D	7. B	8. E	9. C	10. A
11. √	12. X	13. X	14. √	15. √	16. X	17. √	18. √	19. X	20. X
21. B	22. B	23. A	24. A	25. A	26. C	27. A	28. C	29. C	30. A
31. C	32. A	33. C	34. C	35. A	36. B	37. B	38. C	39. A	40. A

독해

41. D	42. C	43. A	44. B	45. F	46. E	47. A	48. C	49. D	50. B
51. D	52. A	53. C	54. F	55. B	56. C	57. B	58. A	59. F	60. E
61. A	62. A	63. C	64. C	65. B	66. A	67. A	68. B	69. C	70. C

쓰기

71. 你买的香蕉看上去很新鲜。

72. 他对自己的成绩不太满意。

73. 我最后决定把自行车送给他。

74. 飞机什么时候能起飞?

75. 你爷爷的身体好吗?

76. 万　77. 给　78. 开　79. 包　80. 真

녹음 대본

(音乐，30秒，渐弱)

大家好！欢迎参加HSK (三级) 考试。
大家好！欢迎参加HSK (三级) 考试。
大家好！欢迎参加HSK (三级) 考试。

HSK (三级) 听力考试分四部分，共40题。
请大家注意，听力考试现在开始。

第一部分

一共10个题，每题听两次。

例如：男：喂，请问张经理在吗？
　　　女：他正在开会，您半个小时以后再打，好吗？

现在开始第1到5题：

1. 女：你帮我看看，这样拿球，对吗？
2-01 男：对，就是这样。

2. 男：这是你女儿吗？长得真像你。她叫什么名字？
2-02 女：我女儿叫乐乐。

3. 女：房间打扫好了吗？客人马上就要来了。
2-03 男：已经打扫得差不多了。

4. 男：我们今天是去爬山，你怎么能穿皮鞋呢？
2-04 女：我马上换一双运动鞋。

5. 女：我想给头发换个颜色，你觉得什么颜色好看？
2-05 男：你试试黄头发吧，看起来更年轻。

现在开始第6到10题：

6. 男：请问，这层有洗手间吗?
2-06 女：这层没有，洗手间在楼上。

7. 女：我也想学骑马，但是有些害怕。
2-07 男：没关系。骑马不难，我来教你吧。

8. 男：喂，我已经到机场了，怎么没看见你?
2-08 女：我在5号门前边坐着呢，还带着一个行李箱。

9. 女：别老玩儿电脑游戏，对眼睛不好。
2-09 男：别担心，我每半个小时就休息一下。

10. 男：今天又是阴天。
2-10 女：最近天气一直不好，不是刮风就是下雨。

第二部分

一共 10 个题，每题听两次。

例如：为了让自己更健康，他每天都花一个小时去锻炼身体。

★ 他希望自己很健康。

今天我想早点儿回家。看了看手表，才5点。过了一会儿再看表，还是5点，我这才发现我的手表不走了。

★ 那块儿手表不是他的。

现在开始第 11 题：

11. 飞机计划8点起飞，但是现在雪下得很大，不能起飞。我们只好坐在机场里等。
2-11 ★ 飞机还没起飞。

12. 欢迎来到太阳电影院。今天是六月一日，是小朋友们的节日。我们会给每个来看电影的
2-12 小朋友送一本故事书。希望大家喜欢。

　　★ 今天小朋友们看电影不用买票。

13. 我自己很喜欢音乐，所以在儿子很小的时候，就让他学习音乐。他在这样的环境中长
2-13 大，对唱歌、跳舞都很感兴趣。

　　★ 儿子对跳舞没有兴趣。

14. 这个地方的人喜欢吃面条儿，不喜欢吃米饭。他们有些人，一年中可能只吃几次米饭。
2-14
　　★ 那个地方的人爱吃面条儿。

15. 你不是说最近晚上睡不着觉吗？ 怎么还喝咖啡？ 喝杯牛奶吧，牛奶可以让你睡得更好
2-15 些。

　　★ 睡觉前别喝咖啡。

16. 今天下地铁的时候，人非常多，我又很着急，差点儿把笔记本忘在地铁上了。
2-16
　　★ 他的笔记本不见了。

17. 这个地方我以前来过，那时街道两旁的房子很旧，也没有这么多商店，路边的树也没有
2-17 现在多。

　　★ 那个地方变化很大。

18. 小马来学校的时间虽然不长，但是因为他认真努力，总是能很好地完成工作，所以老师
2-18 们和校长对他都非常满意。

　　★ 小马工作让人很满意。

19. 儿子的脚又长了不少，去年买的鞋已经穿不进去了。我打算这周末带着他去商店，给他
2-19 买两双新鞋。

　　★ 儿子的个子又长高了。

20. 现在越来越多的人因为太忙不吃早饭，但是中午和晚上又会吃得很多。其实这样不但不
2-20 健康，而且还容易长胖。

　　★ 早饭不要吃太多。

一共 10 个题, 每题听两次。

例如: 男: 小王, 帮我开一下门, 好吗? 谢谢!
　　　女: 没问题。您去超市了? 买了这么多东西。
　　　问: 男的想让小王做什么?

现在开始第 21 题:

21. 女: 这么早就刷牙, 你是准备睡觉了吗?
2-21　　男: 对, 今天工作很累, 我想早点儿休息。
　　　问: 男的为什么那么早刷牙?

22. 男: 楼道里的灯怎么又坏了?
2-22　　女: 你明天打电话找人来检查一下吧。
　　　问: 女的让男的明天做什么?

23. 女: 阳阳, 你的腿现在还疼吗?
2-23　　男: 有点儿疼。不过你不用担心, 医生说我下周就可以回家了。
　　　问: 男的怎么了?

24. 男: 你好, 我要3张船票。
2-24　　女: 20一张, 一共60元。
　　　问: 船票多少钱一张?

25. 女: 这几个纸汽车是你自己做的吗? 真可爱。
2-25　　男: 对, 都是我用旧报纸做的。
　　　问: 汽车是用什么做的?

26. 男: 我们晚上在哪儿见面?
2-26　　女: 火车站东边的那个咖啡馆吧。我听同事说那儿环境很不错。
　　　问: 他们打算在哪儿见面?

27. 女：老师您好，请问这次考试的成绩什么时候能出来？
2-27 男：7月15号。到时候你可以上网查。

问：成绩什么时候出来？

28. 男：您好，您知道小小饭店怎么走吗？
2-28 女：不好意思，我也是第一次来这儿，对这儿不太了解。

问：男的在做什么？

29. 女：真是的，我们差一点儿就答对了。
2-29 男：没关系，这只是个游戏，错了就错了。

问：男的是什么意思？

30. 男：最近真是越来越冷了。
2-30 女：是啊，新闻上说很多城市都开始下雪了。

问：最近的天气怎么样？

第四部分

一共 10 个题，每题听两次。

例如：女：晚饭做好了，准备吃饭了。

男：等一会儿，比赛还有三分钟就结束了。

女：快点儿吧，一起吃，菜冷了就不好吃了。

男：你先吃，我马上就看完了。

问：男的在做什么？

现在开始第 31 题：

31. 女：明明，你的字典借我用一下。
2-31 男：被别人借走了，一会儿就还我。

女：那你帮我看看这个字怎么读。

男：这个……你还是查字典吧。

问：男的为什么让女的查字典？

32. 男：你好，能帮我叫一辆出租车吗?
2-32 女：没问题。您什么时候需要用车?
男：15分钟以后吧。我先回房间把行李拿下来。
女：好的。
问：男的现在要做什么?

33. 女：经理，今天上午有客人找您。
2-33 男：是哪位?
女：他姓马，这是他的名字和电话。
男：好的，谢谢你。我一会儿给他打电话。
问：谁找经理?

34. 男：家里的冰箱声音太大了。
2-34 女：这台冰箱已经用了好几年了，有点儿旧了。
男：有时间去商店看看，换台新的吧。
女：除了声音大，它没有别的问题，先别换了。
问：他们在说什么?

35. 女：你到几层?
2-35 男：9层，谢谢。
女：我也住9楼。你是新搬来的吗? 我以前怎么没见过你?
男：不是，我哥哥住这儿，我来找他玩儿。
问：他们最可能在哪儿?

36. 男：你怎么了? 头疼吗?
2-36 女：对。我感冒了，而且有点儿发烧。
男：最近感冒的人特别多。你吃药了吗?
女：没。我准备下午请假去医院看看。
问：女的怎么了?

37. 女：你听，外面是不是下雨了?
2-37 男：不会吧? 今天天气很好。
女：那水声是从哪儿来的呢?
男：啊! 可能是我刚才洗完手没把水关好。
问：男的刚才做什么了?

38. 男：您好，这是菜单。
    女：给我来一杯苹果汁。
    男：好的。这里还有我们店新出的蛋糕，您需要吗?
    女：那给我拿一块儿这个蛋糕吧。
    问：男的可能是做什么的?

39. 女：你怎么认识王阿姨的?
    男：她是我妈的同事，而且我们还是邻居。
    女：那你们关系一定很好吧?
    男：当然，王阿姨很热情，经常请我们去她家吃饭。
    问：男的觉得王阿姨怎么样?

40. 男：什么时候能吃饭啊?
    女：我不小心放多了水，米饭还没做好。
    男：还需要多长时间? 我快要饿死了。
    女：冰箱里有牛奶，你先喝点儿吧。
    问：米饭为什么还没好?

听力考试现在结束。

정답

듣기

1. E   2. F   3. C   4. A   5. B   6. C   7. E   8. D   9. A   10. B

11. X   12. X   13. √   14. √   15. √   16. X   17. √   18. X   19. X   20. √

21. A   22. B   23. C   24. B   25. C   26. B   27. B   28. C   29. C   30. C

31. A   32. C   33. C   34. A   35. B   36. A   37. C   38. A   39. C   40. A

독해

41. F   42. A   43. D   44. B   45. C   46. E   47. A   48. B   49. D   50. C

51. D   52. B   53. C   54. F   55. A   56. B   57. A   58. E   59. F   60. C

61. A   62. C   63. C   64. C   65. A   66. A   67. B   68. A   69. B   70. A

쓰기

71. 他满意地笑了。

72. 我去洗手间洗洗脸。

73. 办护照用的照片有什么要求?

74. 健康比什么都重要。

75. 那里一共有多少只猫?

76. 关   77. 年   78. 花   79. 对   80. 里

녹음 대본

(音乐，30秒，渐弱)

大家好！欢迎参加HSK(三级)考试。
大家好！欢迎参加HSK(三级)考试。
大家好！欢迎参加HSK(三级)考试。

HSK(三级)听力考试分四部分，共40题。
请大家注意，听力考试现在开始。

第一部分

一共10个题，每题听两次。

例如：男：喂，请问张经理在吗？
　　　女：他正在开会，您半个小时以后再打，好吗？

现在开始第1到5题：

1. 女：你足球踢得越来越好了。
3-01　男：谢谢，我每天下午都在练习。

2. 男：你怎么拿这么多书？
3-02　女：下周要考试，我得好好儿复习。

3. 女：服务员，我们这桌没有要饮料啊！
3-03　男：这是我们店送的。

4. 男：终于到家了，我现在又饿又渴。
3-04　女：冰箱里有苹果和香蕉，你先吃点儿吧。

5. 女：我们家花园里的花已经开了，你有时间来我家看花吧。
3-05　男：这个周末怎么样？

现在开始第6到10题：

6. 男：你哭了吗？眼睛怎么红红的？
3-06 女：妈妈打算把我的小狗送走，我很难过。

7. 女：小李，工作不多的话，跟大家一起去吃午饭吧。
3-07 男：好的。等我发完电子邮件就去。

8. 男：去年你过生日，大家去唱歌了。今年你准备怎么过？
3-08 女：我这次想跟大家去跳舞。

9. 女：叔叔阿姨要走了，你下楼去帮他们叫辆出租车吧。
3-09 男：好的，我马上去。

10. 男：这个桌子放到前边，还是放到空调下边？
3-10 女：放在教室最后边吧。

第二部分

一共10个题，每题听两次。

例如：为了让自己更健康，他每天都花一个小时去锻炼身体。

★ 他希望自己很健康。

今天我想早点儿回家。看了看手表，才5点。过了一会儿再看表，还是5点，我这才发现我的手表不走了。

★ 那块儿手表不是他的。

现在开始第11题：

11. 老师，您用红色的笔画的这个地方，我检查了很多次，还是不知道哪儿错了。您能告诉
3-11 我为什么吗？

★ 他知道为什么错了。

12. 奶奶家附近有一条河，小时候我经常和朋友到河里游泳。那条河的名字叫太阳河。

3-12

★ 那条河叫月亮河。

13. 星期日，我的邻居也想和我们一起去爬山，你如果觉得不方便的话，我就告诉他下次有

3-13 机会再一起去吧。

★ 他星期天要去爬山。

14. 我看到了一个有意思的新闻，有只狗不但会唱歌，而且还能帮人买菜。我很想见见那只

3-14 狗。

★ 那只狗会唱歌。

15. 公司要求我们下周二前必须完成这些工作，所以我这个星期可能都要晚点儿下班。

3-15

★ 他这周工作很忙。

16. 冬冬是一个很聪明的孩子，但是他对数学一点儿也不感兴趣，数学成绩一直不太好。

3-16

★ 冬冬的数学成绩很好。

17. 人们经常说"苹果很甜"、"香蕉很甜"，不过你知道"嘴甜"吗？"嘴甜"是说一个人说的话

3-17 好听，让人听完心里很舒服。

★ 嘴甜的人说话让人很舒服。

18. 我和他都是北大的，虽然不在一个年级，但都是学历史的，所以关系还不错，经常一起

3-18 吃饭、聊天儿。

★ 他们以前是邻居。

19. 我觉得只有真的喜欢才能做好一件事。我姐姐的女儿画儿画得那么好，其实只是因为爱

3-19 好画画儿。她从5岁到现在一直在练习。

★ 他姐姐的女儿很少练习画画儿。

20. 这个地方经常刮风，而且很大，所以有人笑着说，这里一年只刮两次风，一次刮半年。

3-20

★ 那个地方总是刮风。

一共 10 个题，每题听两次。

例如：男：小王，帮我开一下门，好吗？谢谢!

　　　女：没问题。您去超市了？买了这么多东西。

　　　问：男的想让小王做什么？

现在开始第 21 题：

21. 女：这两张床哪个更舒服？
3-21 男：我觉得这个贵的吧，你可以自己坐上去试试。

　　　问：他们可能正在做什么？

22. 男：你家离这儿比较远，还是我送你回去吧。
3-22 女：不用了，我爸爸一会儿经过这里，我坐他的车就可以了。

　　　问：女的要坐谁的车回家？

23. 女：昨天洗好的衣服和裤子，我给你放床上了。
3-23 男：好的，我等一会儿就穿。

　　　问：男的一会儿穿什么？

24. 男：你买到音乐会的门票了？多少钱？
3-24 女：和去年的一样，两张2000多。

　　　问：两张音乐会门票多少钱？

25. 女：今天真是太热了，把空调打开吧。
3-25 男：好，我这就开。

　　　问：男的接下来要做什么？

26. 男：你告诉办公室里的其他人，星期五下午的会议必须都参加，不可以请假。
3-26 女：好的，经理，我知道了。

　　　问：他们最可能在哪儿？

27. 女：电影十点一刻开始，现在才十点，我们先去喝杯饮料吧。
3-27 男：好的，我想喝可乐。
    问：电影什么时候开始？

28. 男：这本词典我用了好几年了，所以有些旧。
3-28 女：没关系，只要能看清楚字就行。谢谢你把它送给我。
    问：那本词典怎么样？

29. 女：我还是第一次见到黑色的鸡蛋呢。
3-29 男：我也没见过，那我们就买一斤尝尝吧。
    问：他们在说什么？

30. 男：小高怎么突然决定学音乐了？
3-30 女：这一点儿都不奇怪，他最大的爱好就是唱歌。
    问：关于小高，可以知道什么？

第四部分

一共 10 个题，每题听两次。

例如：女：晚饭做好了，准备吃饭了。
      男：等一会儿，比赛还有三分钟就结束了。
      女：快点儿吧，一起吃，菜冷了就不好吃了。
      男：你先吃，我马上就看完了。
      问：男的在做什么？

现在开始第 31 题：

31. 女：你还记得这个地方吗？以前我们经常来。
3-31 男：当然了，我们还在这里照过相呢。
    女：那我们再在这个地方照一张吧。
    男：好啊！我找人帮我们照。
    问：他们准备做什么？

32. 男：菜单呢？我们再点一个菜吧？
3-32 女：太多了，这碗米饭我都吃不完了。
    男：你少吃饭，多吃点儿菜吧。
    女：那就点一个没有肉的菜吧。
    问：男的在找什么？

33. 女：这条裤子什么时候买的，怎么没见你穿过？
3-33 男：去年。买的时候没试，回来才发现短了，所以一直没穿。
    女：给弟弟吧，他比你矮，应该能穿。
    男：好，我问问他喜不喜欢。
    问：女的让男的把裤子送给谁？

34. 男：奇怪，我的信用卡怎么突然不能用了？
3-34 女：别着急，你给银行打电话问问吧。
    男：你知道银行的电话号码吗？
    女：信用卡上面应该有。
    问：信用卡怎么了？

35. 女：你从小就这么瘦吗？
3-35 男：不是，我小时候很胖，后来才慢慢瘦下来的。
    女：你是怎么瘦下来的？
    男：我每天运动，而且晚饭吃得比较少。
    问：男的是什么意思？

36. 男：真对不起！飞机晚点了，让您久等了。
3-36 女：没关系，我也刚到不久。您饿了吧？
    男：我不饿，飞机上吃了面包。
    女：那我们现在就去宾馆吧。
    问：他们现在最可能在哪儿？

37. 女：别人都去运动了，你怎么没去？
3-37 男：老师，我头有点儿疼，想休息一会儿。
    女：要不要去医院看看？
    男：不用，我吃药了。
    问：男的为什么没去运动？

38. 男：上次见你还是15年的冬天吧？这几年，你去哪儿了？
3-38 女：对，我结婚后就跟丈夫去了南方。
男：你在南方住得还习惯吗？
女：都挺好，就是天气有点儿热。
问：关于女的，可以知道什么？

39. 女：谢谢你请我来吃饭。
3-39 男：别客气，您对我做的饭菜满意就好。
女：当然。欢迎你有时间来我们家做客。
男：好的，我一定去。
问：女的请男的做什么？

40. 男：都十点了，你还不走？
3-40 女：今天的作业比较多，我还要写一会儿。
男：外面下雨了，你带伞了吗？
女：带了，你放心吧。
问：现在天气怎么样？

听力考试现在结束。

맛있는 중국어 HSK 3급 **400**제

정답

듣기

1. A	2. E	3. B	4. C	5. F	6. B	7. E	8. D	9. A	10. C
11. √	12. X	13. X	14. X	15. √	16. X	17. √	18. √	19. √	20. X
21. A	22. C	23. C	24. A	25. C	26. C	27. C	28. B	29. B	30. A
31. A	32. C	33. B	34. B	35. B	36. C	37. C	38. B	39. C	40. C

독해

41. D	42. C	43. B	44. A	45. F	46. B	47. A	48. D	49. E	50. C
51. C	52. F	53. B	54. A	55. D	56. F	57. A	58. B	59. C	60. E
61. B	62. A	63. C	64. A	65. A	66. C	67. B	68. B	69. C	70. C

쓰기

71. 帮助别人是一件快乐的事。

72. 他对中国文化很了解。

73. 你住在哪个城市?

74. 校长想请张老师讲课。

75. 我的大衣被妹妹穿走了。

76. 门　77. 左　78. 喝　79. 觉　80. 远

녹음 대본

(音乐，30秒，渐弱)

大家好！欢迎参加HSK(三级)考试。
大家好！欢迎参加HSK(三级)考试。
大家好！欢迎参加HSK(三级)考试。

HSK(三级)听力考试分四部分，共40题。
请大家注意，听力考试现在开始。

第一部分

一共10个题，每题听两次。

例如：男：喂，请问张经理在吗?

　　　女：他正在开会，您半个小时以后再打，好吗?

现在开始第1到5题：

1. 女：爷爷，你别放手。我一个人不敢骑。
4-01　男：别害怕。眼睛看前面，慢慢儿骑。

2. 男：这张照片上的两个人是谁?
4-02　女：是我妹妹和她的一个朋友。右边那个长头发的是我妹妹。

3. 女：欢迎你来我们公司工作。
4-03　男：谢谢您给我这次工作机会，我会努力工作的。

4. 男：我把今天上午开会的内容，都写在电子邮件里了。
4-04　女：好的，我现在就看一下。

5. 女：这个行李箱太小了，还有几件衬衫放不进去。
4-05　男：你就去两天，不用带这么多衣服吧?

现在开始第 6 到 10 题：

6. 男：我这是第一次看小李跳舞，他跳得真好看。
4-06 女：他的爱好就是唱歌和跳舞。

7. 女：你回去吧。我下了飞机，就给你打电话。
4-07 男：好的。你到上海以后，一定要照顾好自己。

8. 男：吃点儿苹果吧。这个苹果特别甜。
4-08 女：不用了，我最近牙疼，不能吃甜的东西了。

9. 女：孩子总是一边看电视一边做作业。这样能做好作业吗？
4-09 男：没关系，孩子都是这样的。

10. 男：妈妈，你帮我看看，我比去年高了多少？
4-10 女：不错，你这一年长高了不少。

第二部分

一共 10 个题，每题听两次。

例如：为了让自己更健康，他每天都花一个小时去锻炼身体。

★ 他希望自己很健康。

今天我想早点儿回家。看了看手表，才5点。过了一会儿再看表，还是5点，我这才发现我的手表不走了。

★ 那块儿手表不是他的。

现在开始第 11 题：

11. 那个地方的茶非常有名。去那儿玩儿的人一般都会买一些茶带回来，送给家人或者朋友。
4-11
★ 那个地方的茶很有名。

12. 遇到问题的时候，应该自己想想办法，不能总是让别人帮忙解决问题。

4-12

    ★ 出现问题应该找人帮忙。

13. 不是中间的这个人，站在后面的这个人才是我们学校新来的校长。他很年轻，今年才40
岁。

4-13

    ★ 校长站在最前面。

14. 上个星期，我从朋友那儿借来了一本书。现在已经看完了，我打算明天把它还给朋友。

4-14

    ★ 他打算今天去还书。

15. 王阿姨和她先生有相同的爱好，那就是打篮球。他们是打篮球时认识的。王阿姨虽然很
矮，但是她篮球打得非常好。

4-15

    ★ 王阿姨会打篮球。

16. 外面风刮得特别大，很冷。你出去的时候多穿点儿衣服。把雨伞也带上吧，很可能会下
雨。

4-16

    ★ 外面下雪了。

17. 你明天到教室找我，我在503。如果我不在，你就去八楼的休息室，我可能在那里看书。

4-17

    ★ 休息室在八层。

18. 每次坐火车去旅游前，张明都会去超市买一些东西，除了面包、牛奶，他还要买一本杂
志。

4-18

    ★ 张明坐火车时喜欢看杂志。

19. 最近妈妈一直说肚子疼。我带她去了医院，但是医生说她的肚子没问题，不用吃药，多
休息就好了。

4-19

    ★ 医生认为妈妈的肚子没问题。

20. 客人马上就要到了，你快去把房间里的空调打开，今天太热了。

4-20

    ★ 房间里很冷。

第三部分

一共 10 个题，每题听两次。

例如：男：小王，帮我开一下门，好吗？谢谢！

女：没问题。您去超市了？买了这么多东西。

问：男的想让小王做什么？

现在开始第 21 题：

21. 女：喂，你声音太小，我听不清楚，你大点儿声！
4-21　男：我现在在电梯里，一会儿再打给你吧。

问：男的现在在哪儿？

22. 男：你怎么还在家里？我以为你已经上班了呢。
4-22　女：我都到地铁站了，才发现没带钱包。

问：女的为什么又回来了？

23. 女：累不累？我们休息一会儿吧。
4-23　男：好。你渴吗？我去那边的超市买两瓶水吧。

问：女的希望怎么样？

24. 男：你听说这个新闻了吗？
4-24　女：没有。我最近工作忙，没时间看新闻。

问：关于女的，可以知道什么？

25. 女：你们去旅游的话，谁来照顾狗呢？
4-25　男：我们会把它放在邻居家，请邻居照顾它。邻居很喜欢我们家的狗。

问：男的会请谁来照顾他的狗？

26. 男：请问，你知道中国银行怎么走吗？
4-26　女：对不起，我也不知道。你再问问其他人吧。

问：女的让男的怎么做？

27. 女：你看我最近是不是又胖了？
   男：没有啊，我觉得你跟以前一样，没什么变化。
   问：男的是什么意思？

28. 男：你终于来了，都九点一刻了。
   女：不好意思，我今天起晚了。
   问：现在几点了？

29. 女：小王，下课以后你去哪儿？
   男：我要去吃饭，再去买本杂志，然后去电影院看电影。
   问：男的可能会先去哪儿？

30. 男：你这件毛衣真好看。多少钱买的？
   女：一件160块。不过我花了300块买了两件，送给我妈妈一件。
   问：两件毛衣多少钱？

第四部分

一共 10 个题，每题听两次。

例如：女：晚饭做好了，准备吃饭了。
   男：等一会儿，比赛还有三分钟就结束了。
   女：快点儿吧，一起吃，菜冷了就不好吃了。
   男：你先吃，我马上就看完了。
   问：男的在做什么？

现在开始第 31 题：

31. 女：您好，我住607。
   男：您有什么事需要帮忙吗？
   女：我房间里的空调坏了，你能来看看吗？
   男：好的，我们马上找人去看一下。
   问：女的为什么给男的打电话？

32. 男：今天的牛肉做得很好吃，你也尝一下吧。

4-32　女：少吃肉，多吃菜，对身体好。

男：我知道，但是吃一点儿没关系的。

女：你自己吃吧。我今天只吃菜。

问：关于女的，可以知道什么？

33. 女：我发现，你现在很爱看新闻。

4-33　男：我其实对新闻没兴趣。

女：是吗？那你为什么看呢？

男：主要是想提高我的汉语水平。

问：男的觉得自己的汉语怎么样？

34. 男：家里有客人？那我要买些什么带回去吗？

4-34　女：买几斤香蕉，再买个西瓜。

男：啤酒、饮料什么的需要买吗？

女：不用了，冰箱里还有。

问：女的让男的买什么？

35. 女：您妻子最近工作吗？

4-35　男：生了孩子以后，这段时间她在家里休息。

女：如果她愿意，我可以给她介绍一个工作。

男：谢谢你！我回去就问问她愿不愿意。

问：关于妻子，可以知道什么？

36. 男：你觉得这家饭馆儿的菜怎么样？

4-36　女：挺好吃，而且做得也很干净。

男：这里离我家很近，很方便。

女：对啊，你可以经常来这儿吃饭。

问：那个饭馆儿的菜怎么样？

37. 女：欢迎光临！

4-37　男：这条裤子我穿太大了，还有小一点儿的吗？

女：裤子您没洗过吧？洗过就不能换了。

男：没有。这是今天上午刚买的。

问：女的可能是做什么的？

38. 男："东边日出，西边雨"这句话是什么意思?

　　女：是说在一个地方这边在下雨，但是那边是晴天，还有太阳。

　　男：这是真的吗?

　　女：当然是真的。我们这儿夏天的时候就会有。

　　问：那句话说的是什么?

39. 女：家里的那把椅子用了很多年了，太旧了。

　　男：是有些旧，颜色也不好。

　　女：那这个周末我们去看看，把椅子和桌子都换了吧。

　　男：好的。

　　问：他们打算买什么?

40. 男：你快过来休息一下吧!

　　女：好。房间和洗手间我都打扫完了，就衣服还没洗呢。

　　男：衣服一会儿我来洗吧。

　　女：注意白色的衣服不要和别的颜色的一起洗。

　　问：女的刚才做什么了?

听力考试现在结束。

맛있는 중국어
HSK 3급 **400제**

정답

듣기

1. C	2. E	3. F	4. B	5. A	6. C	7. B	8. E	9. D	10. A
11. X	12. X	13. X	14. √	15. X	16. √	17. √	18. √	19. √	20. X
21. A	22. C	23. A	24. B	25. A	26. A	27. B	28. A	29. B	30. A
31. C	32. B	33. A	34. A	35. B	36. B	37. B	38. C	39. C	40. C

독해

41. D	42. F	43. A	44. C	45. B	46. B	47. C	48. A	49. E	50. D
51. B	52. A	53. C	54. F	55. D	56. B	57. E	58. F	59. A	60. C
61. B	62. A	63. C	64. A	65. A	66. A	67. A	68. C	69. A	70. C

쓰기

71. 我弟弟有写日记的习惯。

72. 我不想跟他见面。

73. 医生让我吃这种药。

74. 妈妈做的蛋糕太好吃了。

75. 请把名字写在这儿。

76. 只　77. 教　78. 中　79. 长　80. 便

녹음 대본

(音乐，30秒，渐弱)

大家好！欢迎参加HSK(三级)考试。
大家好！欢迎参加HSK(三级)考试。
大家好！欢迎参加HSK(三级)考试。

HSK(三级)听力考试分四部分，共40题。
请大家注意，听力考试现在开始。

第一部分

一共10个题，每题听两次。

例如：男：喂，请问张经理在吗?
　　　女：他正在开会，您半个小时以后再打，好吗?

现在开始第1到5题：

1. 女：你觉得这个帽子怎么样? 跟刚才那个比，哪个好?
   男：这个更漂亮，就买这个吧。

2. 男：时间不早了，把电脑关了，去睡觉吧。
   女：好的，我做完这个题马上就睡。

3. 女：儿子总是哭，有什么办法可以让他不哭吗?
   男：是不是饿了? 给他喝点儿牛奶吧。

4. 男：这是大学毕业时我们照的照片，你来看看。
   女：虽然才过了两年，但是你的样子变了很多。

5. 女：那些碗你拿的时候要小心!
   男：好的。我把它放到桌子上，可以吗?

现在开始第 6 到 10 题：

6. 男：你又在上网玩儿游戏？
5-06 女：没有。我在网上买电影票呢，我们周末去看吧。

7. 女：你一直看手表，有什么着急的事情吗？
5-07 男：我三点半有重要的会议，三点前必须回到办公室。

8. 男：这张画儿真好看！是你画的吗？
5-08 女：不，是我姐姐画的。这是她最喜欢的画儿。

9. 女：出门前再检查检查你的行李，别又忘了什么东西。
5-09 男：你放心吧，我已经检查过两次了。

10. 男：你换照相机了吗？上次你拿来的是白色的。
5-10 女：没有，这是我弟弟的，我借来用一下。

第二部分

一共 10 个题，每题听两次。

例如：为了让自己更健康，他每天都花一个小时去锻炼身体。

★ 他希望自己很健康。

今天我想早点儿回家。看了看手表，才5点。过了一会儿再看表，还是5点，我这才发现我的手表不走了。

★ 那块儿手表不是他的。

现在开始第 11 题：

11. 这本书可以买来给孩子读，它介绍了世界上很多国家的节日，可以让孩子了解不同国家
5-11 的文化。

★ 那本书主要介绍历史。

12. 这里的人不习惯说左右，只说东西南北。我和同事们找人问路，他们总是回答向南或者
5-12 向东走。

   ★ 那儿的人不习惯说东西南北。

13. 我这次来北京，只住三天，所以我只能选择两三个最有名的地方去看看，以后有机会再
5-13 去别的地方。

   ★ 他在北京玩儿了很多地方。

14. 这两天下大雪了，天气特别冷，我的朋友都在外边玩儿雪。但是我很怕冷，就在家看看
5-14 书、玩儿玩儿电脑。

   ★ 他没跟朋友一起玩儿雪。

15. 邻居是一位年轻的老师，他很热情，喜欢帮助别人。所以大家有什么问题，都愿意找他
5-15 帮忙。

   ★ 邻居是一位老人。

16. 我收到了学校发来的电子邮件，里面是我的成绩单。我的成绩比上次有了很大提高，我
5-16 很高兴。

   ★ 他的成绩提高了很多。

17. 那双鞋很好看，但是太贵了，要1000多块钱。我们去别的地方看看吧。
5-17
   ★ 那双鞋卖1000多元。

18. 我昨天洗澡的时候，发现叔叔送给我的手表不见了，非常着急。不过，今天早上我在床
5-18 下面找到了它。

   ★ 他找到手表了。

19. 爷爷特别喜欢旅游，除了上海、四川以外，他还去过海南。爷爷说他明年想去国外旅
5-19 游。

   ★ 爷爷打算明年去国外。

20. 为了提高我的汉语水平，我每天学习汉语。而且一有时间，我就找中国人聊天儿。
5-20
   ★ 他对汉语不感兴趣。

一共 10 个题，每题听两次。

例如：男：小王，帮我开一下门，好吗？谢谢！

女：没问题。您去超市了？买了这么多东西。

问：男的想让小王做什么？

现在开始第 21 题：

21. 女：这位是？
5-21 男：对不起，我忘了给你介绍，她是我的同事，小云。

问：男的在介绍谁？

22. 男：现在是8点，去学校附近的银行早不早？
5-22 女：不早了，骑自行车过去要半个小时。

问：他们最可能什么时候到银行？

23. 女：奇怪，今天你的房间怎么这么干净？
5-23 男：因为我妈妈明天要来看我，所以打扫了一下。

问：女的觉得什么很奇怪？

24. 男：我们去喝杯咖啡怎么样？可以一边喝一边等。
5-24 女：别去了。现在八点一刻，再过半小时就要上飞机了。

问：女的是什么意思？

25. 女：这种红袜子三块五一双，黄的六块，蓝的四块。
5-25 男：我要买最便宜的。

问：男的会买哪种颜色的袜子？

26. 男：我点的菜怎么还没好？
5-26 女：对不起，今天客人比较多，请您再等一下。

问：他们可能在哪儿？

27. 女：我看您很了解中国，您是教汉语的吗？
    5-27 男：不是，我是教英语的，但我对中国文化很有兴趣。
    问：男的是教什么的？

28. 男：爬了一个小时了，累了吧？我们坐下来休息休息吧。
    5-28 女：好。你把包里的水给我，我太渴了。
    问：他们最可能在做什么？

29. 女：你带伞了？真是太好了，你怎么知道今天会下雨？
    5-29 男：早上妈妈把它放我书包里的。
    问：谁把雨伞放包里的？

30. 男：您请坐，王老师正在上课，马上就下课了。
    5-30 女：谢谢。我问您一下，贵校有多少个留学生？
    问：王老师正在做什么？

第四部分

一共 10 个题，每题听两次。

例如：女：晚饭做好了，准备吃饭了。
      男：等一会儿，比赛还有三分钟就结束了。
      女：快点儿吧，一起吃，菜冷了就不好吃了。
      男：你先吃，我马上就看完了。
      问：男的在做什么？

现在开始第 31 题：

31. 女：我洗了些苹果，你来吃点儿吧！
    5-31 男：我刚刷了牙，不吃了。
    女：今天怎么这么早就刷牙了？
    男：我有点儿发烧，想早点儿睡。
    问：男的怎么了？

32. 男：小李，刚才跟你说话的那个人是谁啊？
    女：我的英语老师，你不认识吗？
    男：不认识，但是好像在哪儿见过。
    女：那你可能是在我们学校里见过吧！
    问：那个人和小李是什么关系？

33. 女：盘子里的饺子怎么没吃完呢？不好吃吗？
    男：不是，我吃饱了。因为我刚才还吃了一块儿面包。
    女：那晚上再吃吧。
    男：好的，你把它放冰箱里。
    问：男的是什么意思？

34. 男：这个百货商店里的人真多啊！
    女：是，每天都这么热闹。
    男：我不喜欢人多的地方。我们买完东西就回去吧。
    女：好的，差不多都买完了。
    问：关于那个百货商店，可以知道什么？

35. 女：你好，请问，电影什么时候开始？
    男：马上就开始了。
    女：那现在可以进去了吗？
    男：可以，我先看一下您的票。好，请往里边走。
    问：关于电影，下面哪个是对的？

36. 男：外面还刮风吗？
    女：是。刮得很大，你要出去吗？
    男：我一会儿要和同学去踢足球，也不知道能不能踢。
    女：明天再踢吧。明天天气可能好一些。
    问：男的想去做什么？

37. 女：王明家住三层，我们走上去吧。
    男：还是等电梯吧，我的脚有点儿疼。
    女：你的脚还没好？
    男：好多了，但还是有点儿疼。
    问：男的哪儿不舒服？

38. 男：别睡了，你已经睡了三个小时了。

5-38 女：我再睡一会儿吧。

男：你总是吃完就睡，不怕变胖吗？

女：你放心，我天天锻炼身体，不会变胖的。

问：关于女的，可以知道什么？

39. 女：你下周就要回去了？时间过得真快！

5-39 男：是啊。真不想现在就离开上海。

女：以后还有很多机会见面呢。

男：是。也欢迎你去我们那儿玩儿。

问：男的不想做什么？

40. 男：你这条裙子什么时候买的？

5-40 女：昨天刚买的。

男：在哪儿买的？

女：昨天下班经过那家新开的店，进去看了看，觉得不错就买了。

问：那条裙子是在哪儿买的？

听力考试现在结束。

汉语水平考试 HSK（三级）答题卡 ■

注意　　请用2B铅笔这样写：■

一、听力

1. [A] [B] [C] [D] [E] [F]
2. [A] [B] [C] [D] [E] [F]
3. [A] [B] [C] [D] [E] [F]
4. [A] [B] [C] [D] [E] [F]
5. [A] [B] [C] [D] [E] [F]

6. [A] [B] [C] [D] [E] [F]
7. [A] [B] [C] [D] [E] [F]
8. [A] [B] [C] [D] [E] [F]
9. [A] [B] [C] [D] [E] [F]
10. [A] [B] [C] [D] [E] [F]

11. [√] [×]
12. [√] [×]
13. [√] [×]
14. [√] [×]
15. [√] [×]

16. [√] [×]
17. [√] [×]
18. [√] [×]
19. [√] [×]
20. [√] [×]

21. [A] [B] [C]
22. [A] [B] [C]
23. [A] [B] [C]
24. [A] [B] [C]
25. [A] [B] [C]

26. [A] [B] [C]
27. [A] [B] [C]
28. [A] [B] [C]
29. [A] [B] [C]
30. [A] [B] [C]

31. [A] [B] [C]
32. [A] [B] [C]
33. [A] [B] [C]
34. [A] [B] [C]
35. [A] [B] [C]

36. [A] [B] [C]
37. [A] [B] [C]
38. [A] [B] [C]
39. [A] [B] [C]
40. [A] [B] [C]

二、阅读

41. [A] [B] [C] [D] [E] [F]
42. [A] [B] [C] [D] [E] [F]
43. [A] [B] [C] [D] [E] [F]
44. [A] [B] [C] [D] [E] [F]
45. [A] [B] [C] [D] [E] [F]

46. [A] [B] [C] [D] [E] [F]
47. [A] [B] [C] [D] [E] [F]
48. [A] [B] [C] [D] [E] [F]
49. [A] [B] [C] [D] [E] [F]
50. [A] [B] [C] [D] [E] [F]

51. [A] [B] [C] [D] [E] [F]
52. [A] [B] [C] [D] [E] [F]
53. [A] [B] [C] [D] [E] [F]
54. [A] [B] [C] [D] [E] [F]
55. [A] [B] [C] [D] [E] [F]

56. [A] [B] [C] [D] [E] [F]
57. [A] [B] [C] [D] [E] [F]
58. [A] [B] [C] [D] [E] [F]
59. [A] [B] [C] [D] [E] [F]
60. [A] [B] [C] [D] [E] [F]

61. [A] [B] [C]
62. [A] [B] [C]
63. [A] [B] [C]
64. [A] [B] [C]
65. [A] [B] [C]

66. [A] [B] [C]
67. [A] [B] [C]
68. [A] [B] [C]
69. [A] [B] [C]
70. [A] [B] [C]

三、书写

71.

72.

73.

74.

75.

76.　　77.　　78.　　79.　　80.

不要写到框线以外!

汉语水平考试 HSK（三级）答题卡 ■

一、听力

1. [A] [B] [C] [D] [E] [F]　　6. [A] [B] [C] [D] [E] [F]
2. [A] [B] [C] [D] [E] [F]　　7. [A] [B] [C] [D] [E] [F]
3. [A] [B] [C] [D] [E] [F]　　8. [A] [B] [C] [D] [E] [F]
4. [A] [B] [C] [D] [E] [F]　　9. [A] [B] [C] [D] [E] [F]
5. [A] [B] [C] [D] [E] [F]　　10. [A] [B] [C] [D] [E] [F]

11. [√] [×]　　16. [√] [×]　　21. [A] [B] [C]
12. [√] [×]　　17. [√] [×]　　22. [A] [B] [C]
13. [√] [×]　　18. [√] [×]　　23. [A] [B] [C]
14. [√] [×]　　19. [√] [×]　　24. [A] [B] [C]
15. [√] [×]　　20. [√] [×]　　25. [A] [B] [C]

26. [A] [B] [C]　　31. [A] [B] [C]　　36. [A] [B] [C]
27. [A] [B] [C]　　32. [A] [B] [C]　　37. [A] [B] [C]
28. [A] [B] [C]　　33. [A] [B] [C]　　38. [A] [B] [C]
29. [A] [B] [C]　　34. [A] [B] [C]　　39. [A] [B] [C]
30. [A] [B] [C]　　35. [A] [B] [C]　　40. [A] [B] [C]

二、阅读

41. [A] [B] [C] [D] [E] [F]　　46. [A] [B] [C] [D] [E] [F]
42. [A] [B] [C] [D] [E] [F]　　47. [A] [B] [C] [D] [E] [F]
43. [A] [B] [C] [D] [E] [F]　　48. [A] [B] [C] [D] [E] [F]
44. [A] [B] [C] [D] [E] [F]　　49. [A] [B] [C] [D] [E] [F]
45. [A] [B] [C] [D] [E] [F]　　50. [A] [B] [C] [D] [E] [F]

51. [A] [B] [C] [D] [E] [F]　　56. [A] [B] [C] [D] [E] [F]
52. [A] [B] [C] [D] [E] [F]　　57. [A] [B] [C] [D] [E] [F]
53. [A] [B] [C] [D] [E] [F]　　58. [A] [B] [C] [D] [E] [F]
54. [A] [B] [C] [D] [E] [F]　　59. [A] [B] [C] [D] [E] [F]
55. [A] [B] [C] [D] [E] [F]　　60. [A] [B] [C] [D] [E] [F]

61. [A] [B] [C]　　66. [A] [B] [C]
62. [A] [B] [C]　　67. [A] [B] [C]
63. [A] [B] [C]　　68. [A] [B] [C]
64. [A] [B] [C]　　69. [A] [B] [C]
65. [A] [B] [C]　　70. [A] [B] [C]

三、书写

71.

72.

73.

74.

75.

76.　　77.　　78.　　79.　　80.

不要写到框线以外！

汉语水平考试 HSK（三级）答题卡 ■

——请填写考生信息——

按照考试证件上的姓名填写：

| 姓名 | |

如果有中文姓名，请填写：

| 中文姓名 | |

考生序号	[0] [1] [2] [3] [4] [5] [6] [7] [8] [9]
	[0] [1] [2] [3] [4] [5] [6] [7] [8] [9]
	[0] [1] [2] [3] [4] [5] [6] [7] [8] [9]
	[0] [1] [2] [3] [4] [5] [6] [7] [8] [9]
	[0] [1] [2] [3] [4] [5] [6] [7] [8] [9]

——请填写考点信息——

考点代码	[0] [1] [2] [3] [4] [5] [6] [7] [8] [9]
	[0] [1] [2] [3] [4] [5] [6] [7] [8] [9]
	[0] [1] [2] [3] [4] [5] [6] [7] [8] [9]
	[0] [1] [2] [3] [4] [5] [6] [7] [8] [9]
	[0] [1] [2] [3] [4] [5] [6] [7] [8] [9]
	[0] [1] [2] [3] [4] [5] [6] [7] [8] [9]
	[0] [1] [2] [3] [4] [5] [6] [7] [8] [9]

国籍	[0] [1] [2] [3] [4] [5] [6] [7] [8] [9]
	[0] [1] [2] [3] [4] [5] [6] [7] [8] [9]
	[0] [1] [2] [3] [4] [5] [6] [7] [8] [9]

| 年龄 | [0] [1] [2] [3] [4] [5] [6] [7] [8] [9] |
| | [0] [1] [2] [3] [4] [5] [6] [7] [8] [9] |

| 性别 | 男 [1] 女 [2] |

注意 | 请用2B铅笔这样写： ■

一、听力

1. [A] [B] [C] [D] [E] [F]
2. [A] [B] [C] [D] [E] [F]
3. [A] [B] [C] [D] [E] [F]
4. [A] [B] [C] [D] [E] [F]
5. [A] [B] [C] [D] [E] [F]
6. [A] [B] [C] [D] [E] [F]
7. [A] [B] [C] [D] [E] [F]
8. [A] [B] [C] [D] [E] [F]
9. [A] [B] [C] [D] [E] [F]
10. [A] [B] [C] [D] [E] [F]

11. [√] [×]
12. [√] [×]
13. [√] [×]
14. [√] [×]
15. [√] [×]
16. [√] [×]
17. [√] [×]
18. [√] [×]
19. [√] [×]
20. [√] [×]
21. [A] [B] [C]
22. [A] [B] [C]
23. [A] [B] [C]
24. [A] [B] [C]
25. [A] [B] [C]

26. [A] [B] [C]
27. [A] [B] [C]
28. [A] [B] [C]
29. [A] [B] [C]
30. [A] [B] [C]
31. [A] [B] [C]
32. [A] [B] [C]
33. [A] [B] [C]
34. [A] [B] [C]
35. [A] [B] [C]
36. [A] [B] [C]
37. [A] [B] [C]
38. [A] [B] [C]
39. [A] [B] [C]
40. [A] [B] [C]

二、阅读

41. [A] [B] [C] [D] [E] [F]
42. [A] [B] [C] [D] [E] [F]
43. [A] [B] [C] [D] [E] [F]
44. [A] [B] [C] [D] [E] [F]
45. [A] [B] [C] [D] [E] [F]
46. [A] [B] [C] [D] [E] [F]
47. [A] [B] [C] [D] [E] [F]
48. [A] [B] [C] [D] [E] [F]
49. [A] [B] [C] [D] [E] [F]
50. [A] [B] [C] [D] [E] [F]

51. [A] [B] [C] [D] [E] [F]
52. [A] [B] [C] [D] [E] [F]
53. [A] [B] [C] [D] [E] [F]
54. [A] [B] [C] [D] [E] [F]
55. [A] [B] [C] [D] [E] [F]
56. [A] [B] [C] [D] [E] [F]
57. [A] [B] [C] [D] [E] [F]
58. [A] [B] [C] [D] [E] [F]
59. [A] [B] [C] [D] [E] [F]
60. [A] [B] [C] [D] [E] [F]

61. [A] [B] [C]
62. [A] [B] [C]
63. [A] [B] [C]
64. [A] [B] [C]
65. [A] [B] [C]
66. [A] [B] [C]
67. [A] [B] [C]
68. [A] [B] [C]
69. [A] [B] [C]
70. [A] [B] [C]

三、书写

71.

72.

73.

74.

75.

76.

77.

78.

79.

80.

不要写到框线以外！

■ 汉 语 水 平 考 试 HSK (三 级) 答 题 卡 ■

一、听力

1. [A] [B] [C] [D] [E] [F]
2. [A] [B] [C] [D] [E] [F]
3. [A] [B] [C] [D] [E] [F]
4. [A] [B] [C] [D] [E] [F]
5. [A] [B] [C] [D] [E] [F]
6. [A] [B] [C] [D] [E] [F]
7. [A] [B] [C] [D] [E] [F]
8. [A] [B] [C] [D] [E] [F]
9. [A] [B] [C] [D] [E] [F]
10. [A] [B] [C] [D] [E] [F]

11. [√] [×]
12. [√] [×]
13. [√] [×]
14. [√] [×]
15. [√] [×]
16. [√] [×]
17. [√] [×]
18. [√] [×]
19. [√] [×]
20. [√] [×]
21. [A] [B] [C]
22. [A] [B] [C]
23. [A] [B] [C]
24. [A] [B] [C]
25. [A] [B] [C]

26. [A] [B] [C]
27. [A] [B] [C]
28. [A] [B] [C]
29. [A] [B] [C]
30. [A] [B] [C]
31. [A] [B] [C]
32. [A] [B] [C]
33. [A] [B] [C]
34. [A] [B] [C]
35. [A] [B] [C]
36. [A] [B] [C]
37. [A] [B] [C]
38. [A] [B] [C]
39. [A] [B] [C]
40. [A] [B] [C]

二、阅读

41. [A] [B] [C] [D] [E] [F]
42. [A] [B] [C] [D] [E] [F]
43. [A] [B] [C] [D] [E] [F]
44. [A] [B] [C] [D] [E] [F]
45. [A] [B] [C] [D] [E] [F]
46. [A] [B] [C] [D] [E] [F]
47. [A] [B] [C] [D] [E] [F]
48. [A] [B] [C] [D] [E] [F]
49. [A] [B] [C] [D] [E] [F]
50. [A] [B] [C] [D] [E] [F]

51. [A] [B] [C] [D] [E] [F]
52. [A] [B] [C] [D] [E] [F]
53. [A] [B] [C] [D] [E] [F]
54. [A] [B] [C] [D] [E] [F]
55. [A] [B] [C] [D] [E] [F]
56. [A] [B] [C] [D] [E] [F]
57. [A] [B] [C] [D] [E] [F]
58. [A] [B] [C] [D] [E] [F]
59. [A] [B] [C] [D] [E] [F]
60. [A] [B] [C] [D] [E] [F]

61. [A] [B] [C]
62. [A] [B] [C]
63. [A] [B] [C]
64. [A] [B] [C]
65. [A] [B] [C]
66. [A] [B] [C]
67. [A] [B] [C]
68. [A] [B] [C]
69. [A] [B] [C]
70. [A] [B] [C]

三、书写

71.

72.

73.

74.

75.

76.

77.

78.

79.

80.

不要写到框线以外！

汉语水平考试 HSK (三级) 答题卡 ■

请填写考生信息

按照考试证件上的姓名填写：

姓名

如果有中文姓名，请填写：

中文姓名

考生序号

[0] [1] [2] [3] [4] [5] [6] [7] [8] [9]
[0] [1] [2] [3] [4] [5] [6] [7] [8] [9]
[0] [1] [2] [3] [4] [5] [6] [7] [8] [9]
[0] [1] [2] [3] [4] [5] [6] [7] [8] [9]
[0] [1] [2] [3] [4] [5] [6] [7] [8] [9]

请填写考点信息

考点代码

[0] [1] [2] [3] [4] [5] [6] [7] [8] [9]
[0] [1] [2] [3] [4] [5] [6] [7] [8] [9]
[0] [1] [2] [3] [4] [5] [6] [7] [8] [9]
[0] [1] [2] [3] [4] [5] [6] [7] [8] [9]
[0] [1] [2] [3] [4] [5] [6] [7] [8] [9]
[0] [1] [2] [3] [4] [5] [6] [7] [8] [9]
[0] [1] [2] [3] [4] [5] [6] [7] [8] [9]

国籍

[0] [1] [2] [3] [4] [5] [6] [7] [8] [9]
[0] [1] [2] [3] [4] [5] [6] [7] [8] [9]
[0] [1] [2] [3] [4] [5] [6] [7] [8] [9]

年龄

[0] [1] [2] [3] [4] [5] [6] [7] [8] [9]
[0] [1] [2] [3] [4] [5] [6] [7] [8] [9]

性别   男 [1]   女 [2]

注意 | 请用2B铅笔这样写：■

一、听力

1. [A] [B] [C] [D] [E] [F]
2. [A] [B] [C] [D] [E] [F]
3. [A] [B] [C] [D] [E] [F]
4. [A] [B] [C] [D] [E] [F]
5. [A] [B] [C] [D] [E] [F]

6. [A] [B] [C] [D] [E] [F]
7. [A] [B] [C] [D] [E] [F]
8. [A] [B] [C] [D] [E] [F]
9. [A] [B] [C] [D] [E] [F]
10. [A] [B] [C] [D] [E] [F]

11. [√] [×]
12. [√] [×]
13. [√] [×]
14. [√] [×]
15. [√] [×]

16. [√] [×]
17. [√] [×]
18. [√] [×]
19. [√] [×]
20. [√] [×]

21. [A] [B] [C]
22. [A] [B] [C]
23. [A] [B] [C]
24. [A] [B] [C]
25. [A] [B] [C]

26. [A] [B] [C]
27. [A] [B] [C]
28. [A] [B] [C]
29. [A] [B] [C]
30. [A] [B] [C]

31. [A] [B] [C]
32. [A] [B] [C]
33. [A] [B] [C]
34. [A] [B] [C]
35. [A] [B] [C]

36. [A] [B] [C]
37. [A] [B] [C]
38. [A] [B] [C]
39. [A] [B] [C]
40. [A] [B] [C]

二、阅读

41. [A] [B] [C] [D] [E] [F]
42. [A] [B] [C] [D] [E] [F]
43. [A] [B] [C] [D] [E] [F]
44. [A] [B] [C] [D] [E] [F]
45. [A] [B] [C] [D] [E] [F]

46. [A] [B] [C] [D] [E] [F]
47. [A] [B] [C] [D] [E] [F]
48. [A] [B] [C] [D] [E] [F]
49. [A] [B] [C] [D] [E] [F]
50. [A] [B] [C] [D] [E] [F]

51. [A] [B] [C] [D] [E] [F]
52. [A] [B] [C] [D] [E] [F]
53. [A] [B] [C] [D] [E] [F]
54. [A] [B] [C] [D] [E] [F]
55. [A] [B] [C] [D] [E] [F]

56. [A] [B] [C] [D] [E] [F]
57. [A] [B] [C] [D] [E] [F]
58. [A] [B] [C] [D] [E] [F]
59. [A] [B] [C] [D] [E] [F]
60. [A] [B] [C] [D] [E] [F]

61. [A] [B] [C]
62. [A] [B] [C]
63. [A] [B] [C]
64. [A] [B] [C]
65. [A] [B] [C]

66. [A] [B] [C]
67. [A] [B] [C]
68. [A] [B] [C]
69. [A] [B] [C]
70. [A] [B] [C]

三、书写

71.

72.

73.

74.

75.

76.   77.   78.   79.   80.

不要写到框线以外！

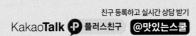